Mbed を使った 電子工作 プログラミング

エンベッド

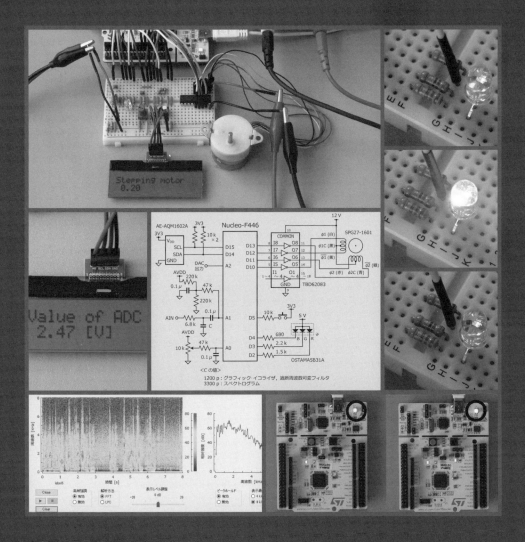

まえがき

　本書は、「Armマイコン」を利用して、ワンランク上の「電子工作」に取り組みたい方を対象として書いたものです。

　本書で使う「マイコン・ボード」は「Nucleo-F446RE」で、これには「Arm」の「Cortex-M4」をコアとする「STマイクロエレクトロニクス社」の「STM32F446RE」が搭載されています。

＊

　本書では、プログラム開発環境をパソコンにインストールすることなく使える「Mbed」（エムベド）を使います。

　「Mbed」のプログラム開発環境は、クラウドベースの「統合開発環境」で、ネットで登録するだけで、誰でも無料で使えます。

　市販されている「統合開発環境」の無料の評価版でよくある、「コード・サイズ」や「試用期間」の制限もまったくありません。

　そのため、初心者でも簡単にマイコンによる電子工作を始めることができます。

＊

　「Mbed」を使うには、「Mbed」対応の「マイコン・ボード」が必要です。本書の執筆時点で、150種以上の「Mbed」対応「マイコン・ボード」が市販されています。

　「Mbed」は、マイコンに内蔵する各種の周辺機能（マイコンの業界では「ペリフェラル」と呼んでいる）を使うための「オフィシャル・ライブラリ」を提供しているので、「ペリフェラル」についての知識がなくても、かなりの機能をもったプログラムを開発できます。

　しかし、場合によっては、「オフィシャル・ライブラリ」だけでは対応できないこともあります。

　また、「Mbed」の「オフィシャル・ライブラリ」は、複数のベンダの「ペリフェラル」の構造の異なる「Armマイコン」でも共通に使えることを念頭に、汎用的にできています。

　そのため、「マイコン」に内蔵する「ペリフェラル」の中には、「オフィシャル・ライブラリ」では扱えずに、遊んでしまっているものもあります。

＊

　そこで、本書では、基本的には「Mbed」の「オフィシャル・ライブラリ」を使いつつ、「ペリフェラル」の「レジスタ」にも直接アクセスするプログラムも併用した、「ワンランク上のプログラミング」を狙っています。

　また、「Mbed」の「オフィシャル・ライブラリ」ではサポートされていないため遊んでしまっている「ペリフェラル」を有効に使うためのテクニックも紹介します。

三上　直樹

---

[1] https://os.mbed.com/platforms/ から「Mbed」対応の「マイコン・ボード」に関する情報を得ることができます。

Mbedを使った 電子工作プログラミング

CONTENTS

第1部
基礎編

第1章　マイコン開発環境「Mbed」によるプログラミング

第2章　「GPIO」で考える「Mbed」の限界とその対策

第3章　「割り込み」を使う

第4章　「タイマ」を使う

第5章　「AD変換器」を使う

●各製品名は、一般に各社の登録商標または商標ですが、®およびTMは省略しています。

サンプルのダウンロード

本書の**プログラムリスト**や**サンプルデータ**は、サポートページからダウンロードできます。

＜工学社ホームページ＞

http://www.kohgakusha.co.jp/support.html

ダウンロードした ZIP ファイルを、下記のパスワードを「大文字」「小文字」に注意して、すべて「半角」で入力して解凍してください。

TLgb46q9ub

※ パスワード付き ZIP ファイルがうまく解凍できない場合は、別の解凍ソフトなどをお試しください。

本書の構成

第1部では、基本的に、「マイコン」と「外付け回路」による「電子工作」を行なうためのプログラミングについて説明します。

その際に、ワンランク上のプログラムを作るため、「Mbed」の「オフィシャル・ライブラリ」と、「オフィシャル・ライブラリ」では対応できない場合の対処法を組み合わせたプログラミングの方法について説明します。

＊

第2部は**第1部**の応用編で、「Mbed」と「パソコン」とのコラボレーションで実現できるプログラムを扱います。

「パソコン」は、「マイコン」側のプログラムを「GUI」でコントロールしたり、「マイコン」の処理結果を表示したりするために使います。

ここでは、**第1部**で説明したいろいろな手法を活用して、プログラムを作っていきます。

＊

その他、「Mbed」をはじめて扱う方のために、**「付録」**で「Mbed」登録の方法、基本的な使い方などを説明します。

言 語

プログラミングで使う言語ですが、「Mbed」で使える「コンパイラ」は「C++」の「コンパイラ」なので、「C++」以外に選択の余地はありません。

「パソコン」側の言語は、フリーで使える「Visual Studio 2019」の「C#」を使います。

＊

最初にも書きましたが、本書では「マイコン・ボード」として「ST マイクロエレクトロニクス社」の**「Nucleo-F446RE」**を使います。

この「マイコン・ボード」や外付け回路で使う部品などは、基本的に「秋月電子通商」から入手可能です。

http://akizukidenshi.com/

第1部

基礎編

　第1部では、「マイコン」と「外付け回路」による「電子工作」を行なうためのプログラミングについて、「Mbed」の「オフィシャル・ライブラリ」だけでできる簡単なところから始め、「Mbed」の「オフィシャル・ライブラリ」だけでは解決できない場合の対処法までを解説します。

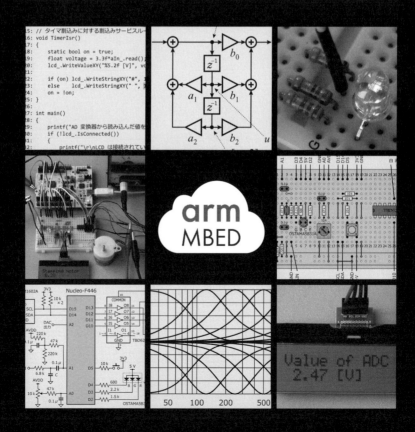

第1章 マイコン開発環境「Mbed」による プログラミング

本書では、まえがきにも書いたように、「Armマイコン」のプログラム開発用の「統合開発環境」（IDE）として、「Mbed」を使います。

＊

この章では、「Mbed」の概要と、「Mbed」の「オフィシャル・ライブラリ」を使ってプログラムを作る際の限界について説明します。

しかし、「Mbed」の「オフィシャル・ライブラリ」だけでもそれなりのことはできるので、その例として、「基板」内などの短距離の「シリアル通信」用の「バス」としてよく使われる「I2C」を使った「液晶表示器」のプログラムも説明します。

※ 本書は「ワンランク上」を謳っていますが、「Mbed」を使うのがはじめてという読者もいると思います。
　そこで、「Mbed」を使うための準備や、使い方などは、本書の最後の**「附録」**で簡単に説明します。

1.1　はじめに

「Mbed」は、「Armマイコン」を対象とする、「クラウド・ベース」の「統合開発環境」のため、特に開発環境をインストールすることなしに使えます。

また、「マイコン」にプログラムを書き込むための「書き込み器」も不要です（図1）。

開発者に必要なものは、「インターネット」に接続され、「Microsoft Edge」などの「Webブラウザ」が使える「パソコン」（以降「PC」）と、「Mbed」に対応している「マイコン・ボード」、「USBケーブル」だけです。

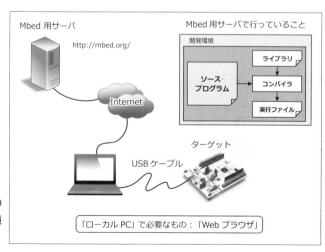

図1　クラウド・ベースの「Armマイコン」開発環境「Mbed」

そのため、PCにあまり慣れていない方や「マイコン」をさわるのがはじめての方でも、比較的簡単に「マイコン」を使った「電子工作」を始めることができます。

＊

また「Mbed」は、「マイコン」に内蔵している「ペリフェラル」を使うための「オフィシャル・ライブラリ」が充実しているので、「マイコン」内部のハードウェア構成を知らなくても、ある程度のプログラムを開発できます。

■ マイコン・ボード

この「Mbed」は「Mbed enabled」と呼ばれている「Arm マイコン」のボードで使えます。
「Mbed enabled」の「マイコン・ボード」は多くのベンダから各種のボードが発売されています[2]。

本書では、安価でありながら高性能な「ST マイクロエレクトロニクス社」の「Nucleo-F446RE」[3] を使います。

*

このボードに搭載されている「マイコン」は「ST マイクロエレクトロニクス社」の「STM32F446RE」で、「コア」は「Cortex-M4」、クロックが「180 MHz」です。

さらに、この「マイコン」には、32 ビットの「浮動小数点演算器」(FPU) が内蔵されています。

そのため、かなり高度のプログラムを作って動かすことが可能な、高性能の「マイコン」です。

*

本書の**第2部**では、リアルタイムで動く「デジタル・フィルタ」を応用した、音響信号を対象とする「グラフィック・イコライザ」や「遮断周波数可変フィルタ」や、これもリアルタイムで動く、「スペクトログラム」を作ります。

このようなアプリも、この「マイコン」が高いクロック周波数で動くことや、「FPU」を内蔵しているお陰で、楽に作ることができます。

■ ブレッド・ボード

本書で使う「マイコン・ボード」に外付けする回路は、簡単に試せるように、「ブレッド・ボード」の上に作ります。

*

「マイコン・ボード」に、「外付け回路」「ステッピング・モータ」「液晶表示器」「電源」[4]を接続した全体の様子を**写真1**に示します。

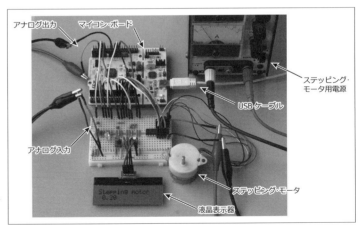

写真1　本書で使う「マイコン・ボード」と外付けの回路などを接続した全体の様子

---

[2] 下記の URL に「Mbed enabled」の「マイコン・ボード」の一覧が載っています。
https://os.mbed.com/platforms/

[3] 「秋月電子通商 (http://akizukidenshi.com/)」で、本書執筆の時点では ¥1,980 です。

[4] 電源は、「ステッピング・モータ」を使う際に使うもので、それ以外には使いません。
「マイコン・ボード」の電源は、「USB ケーブル」を通して PC から供給されます。

本書で作るプログラムに対応する回路図の全体を**図2**に、この実体図を**図3**に示します。

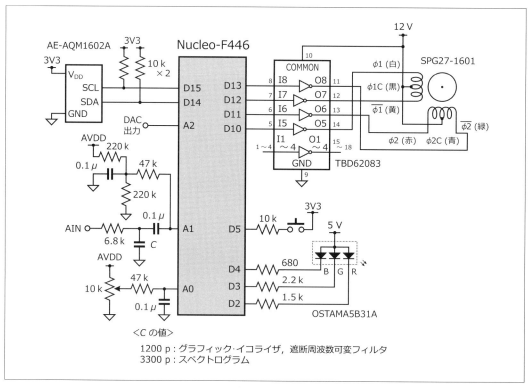

図2　外付け回路の全体

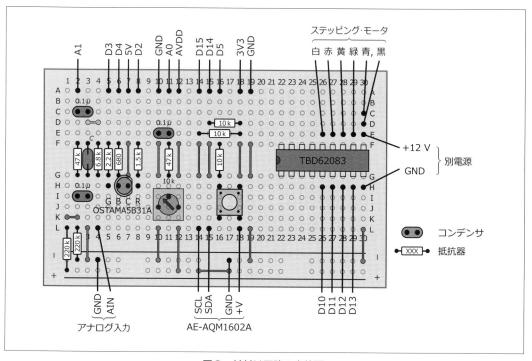

図3　外付け回路の実体図

1.2 「Mbed」によるプログラム開発

　「Mbed」を使うためには、最初に「登録」する必要がありますが、これについては「附録」で説明します。

　さらに、「Webブラウザ」を使いますが、本書では「Google Chrome」を使います[5]。

■ ファイルはすべて「サーバ」に

　「Mbed」でプログラムを開発する場合、そのすべてが「Mbed」の「サーバ」側に存在します（図1）。

　プログラムを作る場合は、最初に「ソース・プログラム」を作りますが、そのファイルも「サーバ」側に存在します。

　そのため、ローカルのPCで行なう操作は、サーバ側に単に指令を送るだけになります。

＊

　「サーバ」側は、その「ソース・プログラム」のファイルと、「サーバ」に置いてある「Mbed」の「オフィシャル・ライブラリ」などを使い、「コンパイル」[6]することによって「実行ファイル」を作るところまで行ないます。

　出来た「実行ファイル」は、「インターネット」を通して「ダウンロード」します。

■「マイコン・ボード」の接続

　「Mbed」に対応する「マイコン・ボード」は、「USBケーブル」でPCと接続します。

　そうすると、この「マイコン・ボード」は、PCからは「ドライブ」の一つと認識されるので、その「ドライブ」に、「ダウンロード」したファイルを保存します。

　STマイクロエレクトロニクス社の「Mbed」に対応する「マイコン・ボード」では、この「保存」を行なえば、「保存」が完了した直後から「プログラム」が動きます[7]。

　そのため、「マイコン・ボード」にプログラムを書き込むための「書き込み器」は不要です。

＊

　一度書き込んだプログラムを最初から再度実行する場合は、「マイコン・ボード」の「リセット・

---

[5] 筆者はかつて、「Mbed」を使う際に「インターネット・エクスプローラ」を使っていました。
　しかし、日本語文字をキーボードから入力できないことや、ローカルのファイルを、「Mbed」の「開発環境」へ「ドラッグ・アンド・ドロップ」できないということがありました。
　Windows10の「Microsoft Edge」ではそのような問題はありませんが、筆者は「Google Chrome」のほうが使い慣れているので、本書では、「Mbed」で使う「Webブラウザ」として「Google Chrome」を使います。

[6] 「Mbed」では、「コンパイル」を「ビルド（build）」の意味で使っています。
　つまり、「ソース・プログラム」を「コンパイル」し、その結果と「ライブラリ」などを組み合わせて、「リンカ」で編集および「メモリ」上の割当てを決め、「実行可能ファイル」を生成するところまでの処理を「Mbed」では「コンパイル」と呼んでいます。

[7] 「ダウンロード」先を、あらかじめ「マイコン・ボード」になるように設定しておけば、「ダウンロード」しただけで、「プログラム」は動きます。

ボタン」[8] を押します。

*

　また、蛇足ですが、プログラムは「マイコン」の「フラッシュ・メモリ」に書き込まれるので、電源を切っても、プログラムが消えることはありません。

　ふたたび電源を入れれば、プログラムはそのまま動きます。

> ※「コンパイル」や「ダウンロード」などの操作についても**「附録」**で説明します。

1.3　簡単なプログラムと「Mbed」の「オフィシャル・ライブラリ」を使うプログラミングの限界

　最初に、「RBG フルカラー LED」を使って、**図 4** に示す簡単な外付け回路を作り、これを動かすプログラムを作ります。

　この回路は、**図 2** に示した外付け回路の全体の回路図から、このプログラムで使う部分のみを抜き出したものです。

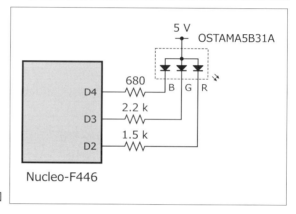

図4　「RGB フルカラー LED」の回路図

　作るのは、「RBG フルカラー LED を、以下の順に 1 秒間隔で繰り返し点滅させる」というプログラムです。

R+G+B ⇒ G+B ⇒ R+B ⇒ B ⇒ R+G ⇒ G ⇒ R ⇒ 消灯 ⇒ R+G+B ⇒ ・・・・・

■ ファイルの構成

　このプログラムで使うファイルの構成を**図 5**に示します。

　この中の「main.cpp」というファイルには**リスト 1**の「ソース・プログラム」が入っています。「mbed」フォルダには「Mbed」の「オフィシャル・ライブラリ」[9] が入っています。

図5　リスト1のプログラム「IO_RBG_LED_1st」のファイル構成

---

[8]「マイコン・ボード」上の黒い「押しボタン・スイッチ」です。

[9]「Mbed」の「オフィシャル・ライブラリ」は、「Mbed」の「サーバ」から「インポート」して、利用します。その方法については、**「附録」**で示します。

■ プログラム解説

「RBG フルカラー LED」を順に点滅させるプログラムを**リスト1**[10] に示します。

リスト1　「RGB フルカラー LED」を点滅するプログラム
(IO_RBG_LED_1st¥main.cpp)

```
 1: //--------------------------------------------------------------
 2: //   RGB フルカラー LED を点滅する最初のプログラム
 3: //   このプログラムでは赤の LED チップが完全な消灯状態にはならない
 4: //       使用 LED : OSTAMA5B31A
 5: //       LED のアノード側は +5 V に接続する
 6: //       使用端子 :   D2: R, D3: G, D4: B
 7: //
 8: // 2019/12/23, Copyright (c) 2019 MIKAMI, Naoki
 9: //--------------------------------------------------------------
10:
11: #include "mbed.h"
12: #pragma diag_suppress 870     // マルチバイト文字使用の警告抑制のため
13:
14: int main()
15: {
16:     printf("\r\n\nRGB フルカラー LED の点灯状態を1秒間隔で交替します\r\n");
17:
18:     BusOut bOut(D2, D3, D4);      // D2: 赤, D3: 緑, D4: 青
19:     bOut = 0;    // 最初は全点灯
20:
21:     while (true)
22:     {
23:         wait(1);
24:         bOut = bOut + 1;
25:     }
26: }
```

> 11行目について：「Mbed」の「オフィシャル・ライブラリ」を使う場合は，これをかならず「インクルード」する

> 21行目: 1秒間のウェイト

> 24行目: 「BusOut クラス」では，「++ 演算子」や「+= 演算子」は定義されていない

※ ブラウザ上では「\」と表示されますが、これはキーボードの「¥」です。

はじめて「Mbed」を使う読者もいると思うので、このプログラムについて簡単に説明します。

● 11行目

「インクルード文」で指定しているファイル「mbed.h」は「Mbed」の「オフィシャル・ライブラリ」を使ってプログラムを作る際に、必ず使います。

● 12行目

「pragma 文」は、プログラムの中で日本語を使っても「コンパイル」時に「警告」を出さないようにするためのものです。

この「警告」は、実際には無視しても問題はないようですが、「警告」がたくさん出ると、

---

[10] このプログラムは、printf() 文で「日本語のコード」を使っているので、そのままでは、「Mbed」の「コンパイラ」は「コンパイル」時に「マルチバイト文字」を使っている旨の「警告」を出します。

　この「警告」は無視しても問題はありません。

　しかし、この「警告」があると他の「警告」を見逃したり、わずらわしかったりするので、**リスト1**で、**12行目**の「プラグマ」文「#pragma diag_suppress 870」を使い、「マルチバイト文字」を使っている旨の「警告」が出ないようにしています。

　以降で示すプログラムでも、基本的にこの「プラグマ」を入れています。

重要な「警告」を見逃さないとも限らないので、この「pragma 文」を入れています。

> ※ なお、これ以降のプログラムでも、「mbed.h」の「インクルード文」と、日本語使用時の「警告」抑制のための「pragma 文」は、基本的に入れています。
> ただし、「インクルード」するファイルの中で、すでに「mbed.h」の「インクルード文」が書かれていれば、「main()」関数を定義しているファイルに、「mbed.h」の「インクルード文」を書いていない場合もあります。

● 16 行目

「printf() 文」の出力先は、「端末エミュレーション」用のソフトになるので、このプログラムを実行する前に、このソフトを起動しておいたほうがいいでしょう。

> ※ 本書では、「端末エミュレーション」用のソフトとして「Tera Term」[11] を使います。
> また、本書で使っている「マイコン・ボード」である「Nucleo-F446RE」で「Tera Term」を使う場合は、「ST マイクロエレクトロニクス社」が提供している「ドライバ」をインストールしておく必要があります。
> その方法については、**「附録」**で説明します。

● 18 行目

「BusOut」は、「Mbed」の「オフィシャル・ライブラリ」として提供されている「クラス」で、「GPIO」[12] の「出力ポート」を使う際に、複数のビットをまとめて扱う場合に使います。

この行では、「マイコン・ボード」の端子「D2」「D3」「D4」を「出力ポート」として使うため、「BusOut クラス」の「オブジェクト」に「bOut」という名前を付けています。

したがって、「bOut」に「0 〜 7」を出力すれば、「D2」「D3」「D4」は、その値に応じた状態になります。
たとえば「bOut」に「6」を出力すれば、「赤色の LED」だけが点灯します。
また、「0」を出力すれば、「三色」全部の「LED」が点灯します。

● 21 行目

「while ループ」の中では、1秒間のウェイトの後に「bOut」の値を「+1」増加させています。
プログラムにも書いているように、「BusOut クラス」では後置の「++ 演算子」や「+= 演算子」が定義（オーバーロード）されていないので、次のような書き方はできません。

```
bOut++;
```

や、

```
bOut += 1;
```

---

[11] 「Tera Term」は、以下からダウンロードできます。
https://forest.watch.impress.co.jp/library/software/utf8teraterm/

[12] 「GPIO」とは「General-purpose Input/Output」の略で、汎用入出力として使うための機能またはそのための回路のことです。
「マイコン」が外部の回路とデジタル信号のやり取りするためのもっとも基本的な機能／回路です

※ なお、「bout」の値をどんどん増加させると、「7」より大きな値になりますが、このプログラムの場合は、下位の3ビット以外は無視されるので、問題はありません。

*

　「LED」をよく見ると、三色の全チップがすべて「消灯」になるような条件のときに、「赤」のチップだけが完全には「消灯」せずに、薄く光っていることに気がつくと思います。
　これは赤の LED の「順方向特性」の影響です。
　これを解決しようとしても、「Mbed」の「オフィシャル・ライブラリ」で提供されている「GPIO」を「出力ポート」として使うための「BusOut クラス」や「DigitalOut クラス」には、これを解決するための機能はありません。

　このあたりが「Mbed」の「オフィシャル・ライブラリ」を使って「ペリフェラル」を使う場合のプログラミングの限界です。
　もちろん、外付け回路に適切な部品を追加すれば、「オフィシャル・ライブラリ」でも対応できますが、それでは必要な部品が増えてしまうので、やりたくありません。

*

　そこで、**第2章**では、「赤の LED」を完全に消灯状態にできない原因と、「プログラム」で解決する方法について説明していきます。

　その他の章でも、この「Mbed」の「オフィシャル・ライブラリ」を使うプログラミングの限界を超えるためのいろいろな手法を説明していきます。

1.4　「Mbed」の「オフィシャル・ライブラリ」を使うプログラミングの例

　1-3では簡単なプログラムの紹介と、「Mbed」の限界について示しました。
　しかし、「Mbed」の「オフィシャル・ライブラリ」では、「マイコン」に内蔵されているいろいろな「ペリフェラル」を使うための「ライブラリ」が「クラス」として提供されています。
　そのため、使いたい「ペリフェラル」の詳しい構造などを知らなくても、その「ペリフェラル」を使うプログラムを比較的簡単に作れます。
　かなりの機能をもったプログラムを作ることも可能です。

*

　ここでは、以前に筆者が作った、液晶表示器「AQM1602XA-RN-GBW」[13] 用の「Aqm1602 クラス」を使って作ったプログラムを**リスト2**に示します。
　このプログラムは「AD 変換器」から読み込んだ値を電圧に変換し、「液晶表示器」に表示するプログラムです。

---

[13] 「秋月電子通商（http://akizukidenshi.com/）」から入手可能です。

リスト2 「AD変換器」から読み込んだ値を電圧に変換し「LCD表示器」に表示する
(IO_AQM1602_Adc¥main.cpp)

```cpp
1: //-------------------------------------------------------------
2: //  AD 変換器から読み込んだ値を電圧に変換し LCD 表示器 AQM1602 に表示する
3: //
4: // 2020/02/14, Copyright (c) 2020 MIKAMI, Naoki
5: //-------------------------------------------------------------
6:
7: #include "AQM1602.hpp"          ← 「Aqm1602 クラス」用
8: #pragma diag_suppress 870     // マルチバイト文字使用の警告を出さないようにする
9:
10: using namespace Mikami;       ← 「Aqm1602 クラス」は「Mikami」という「名前空間」の中で定義しているので, この宣言が必要
11:
12: AnalogIn aIn_(A0);   // AD 変換器
13: Aqm1602 lcd_;             // デフォルトの接続, D14: SDA, D15: SCL
14:                          ← 液晶表示器を使うための「Aqm1602 クラス」
15: // タイマ割込みに対する割込みサービスルーチン
16: void TimerIsr()
17: {
18:     static bool on = true;
19:     float voltage = 3.3f*aIn_.read();          ← 左端から表示
20:     lcd_.WriteValueXY("%5.2f [V]", voltage, 0, 1);   ← 上から2行目に表示 / 液晶表示器に電圧を表示
21:
22:     if (on) lcd_.WriteStringXY("#", 15, 1);
23:     else    lcd_.WriteStringXY(" ", 15, 1);    ← "#" の表示を点滅させるため
24:     on = !on;
25: }                          ← 右端に表示
26:
27: int main()
28: {
29:     printf("AD 変換器から読み込んだ値を電圧に変換して LCD に表示します\r\n");
30:     if (!lcd_.IsConnected())
31:     {
32:         printf("\r\nLCD は接続されていません\r\n");
33:         while (true) {}       ← 液晶表示器が正常に接続されていない場合は, ここで無限ループになる
34:     }
35:
36:     lcd_.Clear();
37:     lcd_.WriteStringXY("Value of ADC", 0, 0);   ← 左端から表示 / 1行目に表示
38:
39:     Ticker timer;
40:     timer.attach(&TimerIsr, 0.5);
41:
42:     while (true) {}    「タイマ割込み」を使うための「クラス」   「タイマ割込み」に対する「割込みサービス・ルーチン」として「TimerIsr()」を割当て,「割込み」の間隔を 0.5 秒に設定する
43: }
```

このプログラムのファイルの構成は、**図6**のようになっています。

フォルダ「**UIT_AQM1602**」には「液晶表示器」用の「**Aqm1602 クラス**」が入っています。これは以前に筆者が作ったもので、これを「ライブラリ」として「Mbed」に登録しているものです[14]。

この「**Aqm1602 クラス**」では、「マイコン」に内蔵されている「ペリフェラル」の一つである「I2C コントローラ」のために提供されている、「Mbed」の「オフィシャル・ライブラリ」の「I2C クラス」を使っています。

[14] 「Mbed」に登録されている「ライブラリ」は、誰でも「インポート」して使うことができます。その方法については、**「附録」**に示しています。

図6　リスト2のプログラム「IO_AQM1602_Adc」のファイル構成

「main.cpp」には、**リスト2**の「ソース・プログラム」が入っています。

このプログラムで使う「液晶表示器」は、「マイコン」とは「I2Cインターフェイス」で接続されています。

その部分を含め、**リスト2**のプログラムを実行するために必要な回路を**図2**から抜き出して、**図7**に示します。

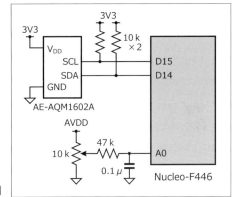

図7　「AD変換器」の入力部と、
「液晶表示器」を接続するための回路図

■ プログラム解説

リスト2のプログラムについて説明していきます。

● 7行目

「インクルード・ファイル」の「AQM1602.hpp」は「Aqm1602クラス」を定義するものです。

*

この「クラス」を使うには、「Mikami」という「名前空間」を指定する必要があります。
その指定の方法の一つが、**10行目**の「using文」です。
これを書いておけば、「Aqm1602クラス」が使えます。

これがない場合は、**13行目**の「Aqm1602 lcd_;」を、「Mikami::Aqm1602 lcd_;」という具合に頭に「名前空間」の名前である「Mikami::」を書かなければなりません。

● 12行目

「AnalogInクラス」は「Mbed」の「オフィシャル・ライブラリ」で提供されているもので、「AD変換器」を使うための「クラス」です。
この「オブジェクトaIn_」は「マイコン・ボード」の「A0」ピンを入力端子として使うように初期化されます。

● 13行目

「Aqm1602 クラス」は、筆者が作ったもので、**液晶表示器「AQM1602XA-RN-GBW」**を使うための「クラス」です。

ここでは「オブジェクト lcd_」には「引数」を与えていないので、「マイコン・ボード」のピンは、デフォルトの接続、つまり「SDA」を「D14」に、「SCL」を「D15」に接続する状態に初期化されます。

● 割り込みサービス・ルーチン「TimerIsr()」

この「関数」は、「タイマ割り込み」が発生したときに呼ばれる「割り込みサービス・ルーチン」です。

「Mbed」は、「オフィシャル・ライブラリ」で、このように「タイマ割り込み」を簡単に使うための「クラス」をサポートしています。

そのための「クラス」が、**39行目**の「Ticker」です。

これを使った「タイマ割り込み」の設定は、**40行目**で行なっています。

＊

この「割り込みサービス・ルーチン TimerIsr()」の中では、**12行目**で定義されている、「AnalogIn クラス」[15]の「オブジェクト aIn_」を使って、**19行目**の「aIn_.read()」で「AD変換器」の値を読み込みます。

その値を電圧に変換して、**20行目**で「Aqm1602 クラス」の「メンバ関数」「WriteValueXY()」を使い、「液晶表示器」に表示しています。

「WriteValueXY()」の第一引数は、「printf()」の第一引数と同じ形式で、表示の際の「書式」を指定できます。

その後、液晶の下の行の右端に表示されている「#」の記号を点滅させるための処理を、**22〜24行目**で行なっています。

● main() 関数

「main() 関数」は、最初に、**29行目**で「端末エミュレーション」用のソフトに、これから実行するプログラムに関するメッセージを表示します。

次に、**30行目**で「液晶表示器」が正常に接続されているかどうかをチェックし、正常に接続されていない場合は、接続されていない旨の表示を行ない、「無限ループ」に入ります。

正常に接続されていれば、「液晶表示器」の画面をクリアしたのち、**37行目**の"Value of ADC"という表示を行ないます。

＊

39行目は「タイマ割り込み」をサポートする「Ticker クラス」の「オブジェクト timer_」の宣言です。

---

[15] これも「Mbed」の「オフィシャル・ライブラリ」で提供されている「クラス」です。

40行目では、「Tickerクラス」の「メンバ関数attach()」を使い、次の3つの設定をしています。

①「タイマ割り込み」が発生したときに呼ばれる「割り込みサービス・ルーチン」として、「TimerIsr()」を割り当てる
②「タイマ割り込み」は0.5秒間隔で発生するように設定する
③「タイマ割り込み」を有効にする

*

その後は、「while文」による「無限ループ」に入ります。
したがって、「タイマ割り込み」が発生したときは「TimerIsr()」の処理を実行し、それ以外は「アイドリング」の状態になります。

写真2には、このプログラムを実行したときの「液晶表示器」の様子を示します。

写真2　リスト2のプログラム「IO_AQM1602_Adc」を実行中の「液晶表示器」の様子

コラム 「クラス」の「オブジェクト」の「宣言」

「クラス」の「オブジェクト」の「宣言」の書き方は、「変数」の「宣言」と似ていますが、異なっている点もあります。

たとえば、**リスト2**の**13行目**に

```
Aqm1602 lcd_;
```

とありますが、これは通常の「変数」の「宣言」と同じ書き方です。
「Aqm1602」は「クラス」の名前ですが、これは「int」などの「型名」に対応します。
また、「lcd_」は「オブジェクト」ですが、これは「変数」の名前に対応します。

しかし、異なっている点もあります。
それは表面には見えませんが、「クラス」の「オブジェクト」の「宣言」では、「初期化」も行なっているということです。
そのため、**リスト2**の**13行目**では、「Aqm1602クラス」に対応する「ペリフェラル」などの「初期化」も自動的に行なわれています。
通常の「変数」では、「宣言」だけでは「初期化」されません。

■「()」で初期化する場合

ところで、通常の「変数」は、「宣言」と同時に「初期化」もできます。
たとえば、次のように書けます。

```
int x1 = 9;
```

通常はしませんが、「クラス」でも同じように、**リスト2**の**12行目**を、次のように書くこともできます。

```
AnalogIn aIn_ = A0;
```

しかし、「クラス」の「オブジェクト」の場合は、「初期化」のために、外部から与える「パラメータ」が複数になることもあるので、その場合は、「=」で「初期化」することはできません。

そのため、「クラス」の「オブジェクト」を「パラメータ」を与えて「初期化」する場合は、基本的に「()」を使います。
たとえば、**リスト1**の**18行目**では、次のように書いて「初期化」しています。

```
BusOut bOut_(D2, D3, D4);
```

ちなみに、通常の「変数」の「初期化」でも、次のように書くことができます。

```
int x1(9);
```

■ 複数ある用語

ところで、「クラス」を使う際に、初学者が戸惑いがちな点として、同じことに対して「用語」が何通りか存在する場合があるという点です。

「クラス」の「オブジェクト」は、「クラス」の「実体」または「インスタンス (instance)」と呼ばれることもあります。
また、「クラス」の「オブジェクト」の「宣言」は、「クラス」の「実体化」「インスタンス化」「インスタンシエーション」(instantiation) などと呼ばれることもあります。

第2章 「GPIO」で考える「Mbed」の限界とその対策

「Mbed」は、「オフィシャル・ライブラリ」が充実しているので、「マイコン」内部のハードウェア構成を知らなくても、ある程度のプログラムを開発できます。

しかし、ワンランク・アップしようとすると、プログラムをどのように書いたらいいか見当もつかない、というケースも出てくるのではないかと思います。

*

この章では、「マイコン・ボード」に外付けした「RGBフルカラーLED」の「点灯／消灯」を「GPIO」でコントロールするプログラムを作ります。

これは簡単そうですが、「Mbed」の「オフィシャル・ライブラリ」だけではうまく対応できないという問題も見つかります。

もちろん、「マイコン・ボード」の外付け回路に「トランジスタ」や「FET」などを追加すれば、問題は「ハードウェア」的に解決できますが、余計な部品を使うことになります。

*

この問題を「ソフトウェア」的に解決する基本的な方法を説明していきます。

2.1 「RGBフルカラーLED」の「点灯／消灯」プログラムの問題点

第1章の図4に示した「RGBフルカラーLED」の回路を使い、各色の「LED」の「点灯／消灯」のプログラムを作ってみて、その問題点とその原因を考えていきます。

■ 2-1-1 問題のあるプログラム

最初に、「問題のあるプログラム」を作ります。

このプログラムで使うファイルの構成を図1に示します。

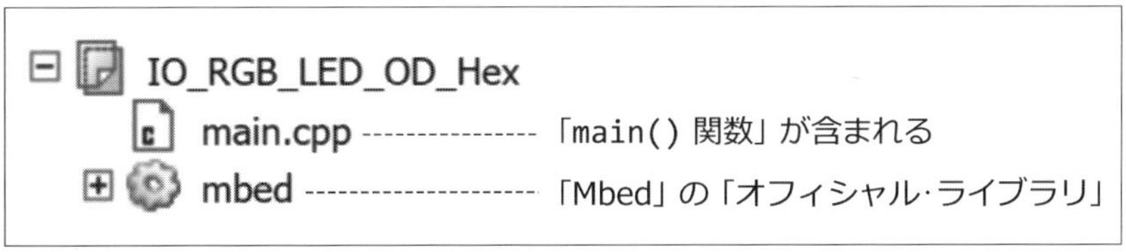

図1 リスト1のプログラム「IO_RGB_LED_OD_Hex」のファイル構成

この中の「main.cpp」には、リスト1の「ソース・プログラム」が入っています。

リスト1は、各色を個別に点灯状態にしたり、全部の色を消灯したりというプログラムです。

「点灯／消灯」の状態は、PC上の「端末エミュレーション」用のソフトからコントロールします。

コントロールの方法については、このプログラムを実行したときの「端末エミュレーション」用のソフトの画面に、図2のように表示されます。

リスト1　IO_RGB_LED_OD_Hex¥main.cpp

```
 1: //-------------------------------------------------------------
 2: // RGB フルカラー LED で赤色の GPIO 出力のオープン・ドレイン設定の
 3: // 有無の違いを確認する
 4: //       使用 LED： OSTAMA5B31A
 5: //       使用端子：  D2: R, D3: G, D4: B
 6: //
 7: // 2019/12/23, Copyright (c) 2019 MIKAMI, Naoki
 8: //-------------------------------------------------------------
 9:
10: #include "mbed.h"
11: #include  <cctype>              // tolower() で使用
12: #pragma diag_suppress 870    // マルチバイト文字使用の警告抑制のため
13:
14: int main()
15: {
16:     printf("\r\n\nオープン・ドレイン設定有無のテスト. \r\n");
17:     printf("最初の D2 の状態: プッシュ・プル\r\n");
18:     printf("ターミナルから 'r', 'g', 'b' を入力するとその色のみが点灯する. \r\n");
19:     printf("ターミナルから 'Enter' のみを入力するとすべて消灯する. \r\n");
20:
21:     DigitalOut ledR(D2, 0); // 赤
22:     // 次の行を有効にすれば D2 はオープン・ドレインに設定される
23: //    *(uint32_t *)0x40020004 |= 1 << 10;    // D2 をオープン・ドレインに設定
24:     DigitalOut ledG(D3, 0); // 緑
25:     DigitalOut ledB(D4, 0); // 青
26:
27:     Serial pc(USBTX, USBRX);      //「PC」との通信用
28:     pc.printf("? ");
29:
30:     while (true)
31:     {
32:         if (pc.readable())
33:         {
34:             ledR = ledG = ledB = 1; // 一旦消灯
35:             char ch = tolower(pc.getc());
36:             pc.printf("%c\r\n? ", ch);
37:
38:             switch (ch)
39:             {
40:                 case 'r': ledR = 0; break;
41:                 case 'g': ledG = 0; break;
42:                 case 'b': ledB = 0; break;
43:             }
44:         }
45:     }
46: }
```

> この行の先頭の「コメント」の記号を削除しこの行の処理を有効にすれば，「D2」は「オープン・ドレイン」の状態に設定される

> 赤色「LED」のみが点灯

> 緑色「LED」のみが点灯

> 青色「LED」のみが点灯

　「RGB フルカラー LED」の各「チップ」の「カソード」側は，「マイコン」の「GPIO ポート」につながっています。

　プログラムでは，「GPIO ポート」に対応する「クラス」として，「Mbed」の「オフィシャル・ライブラリ」で提供されている「DigitalOut クラス」を使っています。

　「DigitalOut クラス」の「オブジェクト」である「ledR」「ledG」「ledB」は、初期状態が "0" になるように設定されているので、このプログラムを動かした際の最初の状態では、「赤」「緑」「青」の各「チップ」は「点灯」の状態になります。

「LED」の各「チップ」の「いずれかを点灯」、または「すべてを消灯」とする状態は、「端末エミュレーション」用のソフトで、PCの「キーボード」で変更できます。

*

図2は、このプログラムを動かした際の「Tera Term」の画面の様子です。

ここでは、"r"が入力されているので、**写真1(a)**に示すように「LED」の「赤のチップ」だけが点灯します。

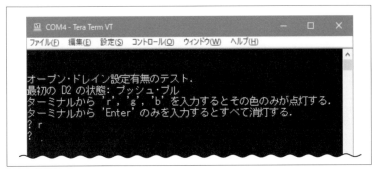

図2　リスト1のプログラムを動かし、'r' を入力して、赤色の「LED」のみを点灯させた際の
「端末エミュレーション」用のソフト「Tera Term」の様子

*

次に、"Enter"キーを押してみます。

そうすると、**リスト1**のプログラムで分かるように、本来であれば、「赤」「緑」「青」の各「チップ」は消灯しているはずです。

しかし、**写真1(b)**に示すように、「赤のチップ」だけが弱い明るさで点灯します。

なぜこのような現象が起こるのかを理解するためには、「GPIO」の出力部がどうなっているのかを知る必要があります。

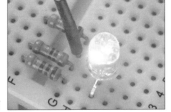

(a)　「ledR_」に "0" を出力して「赤のチップ」を点灯した場合

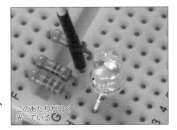

(b)　「ledR_」の出力が「プッシュ・プル」の状態で、
"1" を出力した場合

(c)　「ledR_」の出力が「オープン・ドレイン」の状態で、
"1" を出力した場合

写真1　「RGBフルカラーLED」の様子

■ 2-1-2 問題の原因

リスト1のプログラムの問題点を探るため、「GPIO」の入出力部を調べてみます。

その詳しい構成は「STM32F446」の「リファレンス・マニュアル」[16] に載っています。

しかし、慣れないと分かりにくいので、「GPIO」の入出力部内部の実際の構成とは多少違いますが、「機能」に注目して書き換えた図を**図3**[17] に示します。

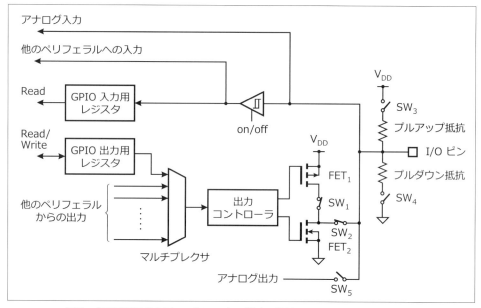

図3 「STM32F446」の「GPIO」の構成を機能に注目して書き換えたもの

「GPIO」の出力部が有効の場合、「プッシュ・プル」または「オープン・ドレイン」のいずれかに設定できます。

デフォルトの状態は「SW_1」が「ON」の状態で、これは「プッシュ・プル」の状態に対応します。

つまり、「Mbed」の「オフィシャル・ライブラリ」である「DigitalOut クラス」を使った場合には、「GPIO」の出力部は「プッシュ・プル」の状態になっています。

＊

それでは、「GPIO」の出力部が「プッシュ・プル」の場合、「ledR」に "1" を出力しても、なぜ「完全に消灯」せずに、「弱い明るさで点灯」するのかを考えてみます。

そのためには、ここで使っている LED、「OSTAMA5B31A」の「順方向特性」を知る必要があるので、これを**表1**に示します。

---

[16] en.DM00135183.pdf は、以下からダウンロードできます。
https://www.st.com/content/ccc/resource/technical/document/reference_manual/4d/ed/
bc/89/b5/70/40/dc/DM00135183.pdf/files/DM00135183.pdf/jcr:content/translations/
en.DM00135183.pdf

[17] 「SW_1」や「SW_2」に対応する構成要素は実際には存在しません。
　たとえば、「SW_1」を「OFF」にする場合は、実際には「出力コントローラ」で、「FET_1」の「ゲート」を "H"
にして、「FET_1」が「出力コントローラ」の入力にかかわらず、常に「OFF」になるようにしています。

「順方向電圧」を見ると、「赤のチップ」は、少なくとも 1.8 V 以上の「順方向電圧」を与えると、充分な明るさで点灯するための「順方向電流」が流れることが分かります。

一方、「緑と青のチップ」は、この電圧が少なくとも「2.8 V 以上」です。

表1　「OSTAMA5B31A」の電気的特性（説明に必要な部分のみ）

■Electrical -Optical Characteristics				(Ta=25℃)		
Item	Symbol	Condition	Min.	Typ.	Max.	Unit
DC Forward Voltage	$V_F(R)$	I_F=20mA	1.8	2.1	2.6	V
	$V_F(B/G)$	I_F=20mA	2.8	3.1	3.6	V
Luminous Intensity	**Iv(Red)**	I_F=20mA	7000	8500	-	mcd
	Iv(Green)	I_F=20mA	12000	14400	-	mcd
	Iv(Blue)	I_F=20mA	3000	4000	-	mcd

引用：OptoSupply 社データシート

＊

次に、「GPIO」に"1"を出力したときの、「LED」と「抵抗器」に掛る電圧の様子を図4に示します。

この図で示している電圧は、この図の中の「FET」が理想的なものと[18]考えた場合の値です。
図4(a) は「プッシュ・プル」の場合で、図3の「SW₁」が「ON」の状態、図4(b) は「オープン・ドレイン」の場合で、図3の「SW₁」が「OFF」の状態に対応します。

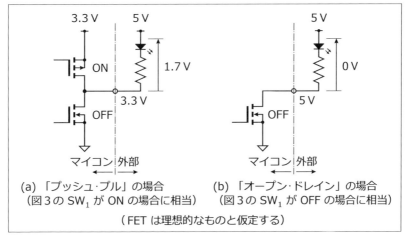

(a)「プッシュ・プル」の場合
（図3の SW₁ が ON の場合に相当）

(b)「オープン・ドレイン」の場合
（図3の SW₁ が OFF の場合に相当）

（FET は理想的なものと仮定する）

図4　「GPIO」に"1"を出力した場合に出力回路が「プッシュ・プル」と「オープン・ドレイン」の場合の「LED」にかかる電圧の違い

[18]「FET」が「ON」の状態では、「ドレイン」と「ソース」の間が「0 Ω」、「OFF」の状態では、「ドレイン」と「ソース」の間が「∞ Ω」になると考えることです。

「GPIO」の出力部が「プッシュ・プル」の状態の場合、**図4(a)** から分かるように、「LED」と「抵抗器」に 1.7 V の電圧が印加されることになります。

ところで、「赤のチップ」は「順方向電圧」が 1.8 V 以上で充分な明るさで点灯しますが、それより低い電圧では「順方向電流」がまったく流れないかというと、そうではなく、多少は流れてしまいます。

そのため、「赤のチップ」は「弱い明るさ」で点灯する、ということになります。

＊

「緑や青のチップ」は「順方向電圧」が最小でも、「2.8 V 以上」でなければ充分な明るさで点灯しません。

一方、「2.8 V 以下」では、「順方向電圧」が低くなるにつれて急激に暗くなります。

「GPIO」の出力部が「プッシュ・プル」の状態で "1" を出力した場合に印加されたときの電圧「1.7 V」はこの「2.8 V」より充分低いので「順方向電流」はほとんど流れないため、「GPIO」に "1" を出力すると完全に消灯することになり、問題はありません。

＊

参考までに、「GPIO」の出力部が「プッシュ・プル」の状態で "1" を出力した場合に、各「チップ」に流れる電流を、0.1μA まで計れる「テスタ」で測定してみたところ、以下のようになりました。

赤	：18μA（0.1 の位は変動する）
緑、青	：0.0μA（0.1 の位は変動しない）

2.2 RGB フルカラー LED の「点灯／消灯」プログラムの問題点の解決法

■ 2-2-1 問題の解決法の考え方

2-1-2 で「GPIO」に "1" を出力しても、「赤のチップ」が完全には「消灯」せずに「弱い明るさ」で光ってしまう原因が分かりました。

そこで、その対策ですが、「GPIO」の出力部を「オープン・ドレイン」の状態に設定すればこの問題を解決できます。

「オープン・ドレイン」の状態とは、**図3**で「SW₁」が「OFF」の状態に相当します。

「GPIO」の出力部を「オープン・ドレイン」の状態に設定すると、「GPIO」に "1" を出力したときは**図4(b)** のように、「LED」と「抵抗器」には電圧が印加されません。

そのため、当然ですが「赤のチップ」は完全に消灯します。

> ※ なお蛇足ですが、**第1章の図4**の回路で、「LED」の「アノード」側を、「5 V」ではなく「3.3 V」に接続すれば、「赤の LED」に対応する「GPIO」の出力部を「オープン・ドレイン」にする必要がないのではないかと思うかもしれません。
>
> しかし、**表1**から分かるように、ここで使っている「LED」では、「緑と青のチップ」が充分な明るさで点灯するための「順方向電流」を流すためには、最悪で「3.6 V」の「順方向電圧」を加える必要があります。

[2.2] RGB フルカラー LED の「点灯／消灯」プログラムの問題点の解決法

そのため、「3.3 V」では運が悪ければ、「緑や青のチップ」が「充分な明るさ」で光らないというケースもないわけではありません。

そこで、どんな場合でも「緑や青のチップ」を「充分に明るく」光らせるため、**第1章**の**図4**の回路では、用心のため「LED」の「アノード」側を「5 V」に接続しています。

■ 2-2-2 問題の具体的な対策

図3から分かるように、「SW₁」を「OFF」にすれば、使っている「マイコン」の「GPIO」の出力部は「オープン・ドレイン」の状態に設定できるように作られています。

しかし、「Mbed」の「オフィシャル・ライブラリ」である「DigitalOut クラス」には、「GPIO」の出力部を「オープン・ドレイン」に設定する機能がありません。

そこで、「GPIO」の出力部の状態を設定する「レジスタ」に直接アクセスして、「オープン・ドレイン」に設定する必要があります。

● メモリ・マップド I/O

ところで、「GPIO」に限らず、「マイコン」の「内蔵ペリフェラル」の「レジスタ」には「アドレス」が割り当てられています。

「アドレス」の割り当て方は二通りあるのですが、「Arm マイコン」では、通常の「メモリ」と「ペリフェラル」の「レジスタ」は同じ「アドレス空間」に割り当てられています。

これを「メモリ・マップド I/O」（Memory-mapped I/O）と言います。

そのため、「ペリフェラル」の「レジスタ」を「アクセス」するためには、「メモリ」の「アドレス」を指定して「アクセス」するのと同じ方法が使えます。

つまり、「ポインタ」を使えば「ペリフェラル」の「レジスタ」にも直接「アクセス」できることになります。

● モード・レジスタ OTYPER

「GPIO」の出力部の状態を「オープン・ドレイン」の状態に設定するには、**図5**に示す「GPIO」の「モード・レジスタ OTYPER」を使います。

そこで、この「モード・レジスタ OTYPER」の「アドレス」を知る必要があります。

31	‥‥‥	16	15	‥‥‥	10	‥‥‥	2	1	0
予約ビット			OT15	‥‥‥	OT10	‥‥‥	OT2	OT1	OT0
0	‥‥‥	0	0/1	‥‥‥	0/1	‥‥‥	0/1	0/1	0/1

0: プッシュ・プル（リセット時）
1: オープン・ドレイン

図5 「GPIO」の出力部を「プッシュ・プル」にするか「オープン・ドレイン」にするかを決める
「モード・レジスタ OTYPER」

表2には、「GPIO」のアドレスを示します。

表2 「GPIO」のアドレス

Table 1. STM32F446xx register boundary addresses (continued) ※

Boundary address	Peripheral	Bus	Register map
0x4002 1C00 - 0x4002 1FFF	GPIOH	AHB1	Section 7.4.11: GPIO register map on page 190
0x4002 1800 - 0x4002 1BFF	GPIOG		
0x4002 1400 - 0x4002 17FF	GPIOF		
0x4002 1000 - 0x4002 13FF	GPIOE		
0x4002 0C00 - 0x4002 0FFF	GPIOD		
0x4002 0800 - 0x4002 0BFF	GPIOC		
0x4002 0400 - 0x4002 07FF	GPIOB		
0x4002 0000 - 0x4002 03FF	GPIOA		

※引用：STMicroelectronics: RM0390, Reference manual, p.55, 2016/01.

これだけでは目的の「レジスタ」の「アドレス」が分かりません。

しかし、「STM32F446」の「リファレンス・マニュアル」[19] によると、各「GPIO」の「先頭アドレス」に対する、「モード・レジスタOTYPER」の「アドレス」の「オフセット」が「0x04」であると書かれています。

したがって、たとえば「GPIOA」の出力部の状態を設定する「モード・レジスタOTYPER」の「アドレス」は、「GPIOA」の先頭の「アドレス」である「0x4002 0000」と、「オフセット」である「0x04」との「和」になります。

具体的には、次のようになります。

「GPIOA」の出力部の状態を設定する「レジスタ」の「アドレス」：
　　　0x4002 0000 + 0x04 ⇒ 0x4002 0004
　　　　　　0x4002 0000 　「GPIOA」の先頭の「アドレス」
　　　　　　0x04 　　　　「オフセット」

● 「オープン・ドレイン」に設定する「ビット」の位置
次に、「オープン・ドレイン」に設定する「ビット」の位置を調べます。
第1章の図4に示すように、赤色の「LED」の「カソード」は、「Nucleo-F446RE」の「D2」に接続されています。
「D2」は「STM32F446」の「GPIOA」の第10ビット目に対応します。

[19] en.DM00135183.pdf、以下からダウンロードできます。
https://www.st.com/content/ccc/resource/technical/document/reference_manual/4d/ed/bc/89/b5/70/40/dc/DM00135183.pdf/files/DM00135183.pdf/jcr:content/translations/en.DM00135183.pdf

したがって、「D2」を「オープン・ドレイン」の状態に設定する場合は、図5の「OT10ビット」に"1"を書き込みます。

実際のプログラムでは、**リスト1**で「コメント・アウト」している**23行目**のように書きます。

```
*(uint32_t *)0x40020004 |= 1 << 10;
```

「(uint32_t *)0x40020004」は、「GPIOA」の出力部の状態を設定する「モード・レジスタ OTYPER」の「アドレス」を「ポインタ」に「キャスト」したことになります。

しかし、このままでは「ポインタ」なので、「ポインタ」が指す「実体」にデータを書き込むため、頭に「*」を付けています。

この「ステートメント」の右辺は、「OT10ビット」に"1"を書き込むため、「1」を左へ10ビットぶん「シフト」しています。

リスト1で、**23行目**の「コメント・アウト」している部分の「//」を消去して、「コンパイル」し、それを「マイコン・ボード」に書き込むと、赤色の「LED」を完全に消灯できます。
その様子は**写真1 (c)** で確認できます。

■ 2-2-3 「アドレス」を数値ではなく「シンボル」で指定する

2-2-2 では、「GPIOA」の出力部の状態を設定する「レジスタ」の「アドレス」として、数値を使いました。
しかし、これではマニュアルを調べて、いちいち「アドレス」を計算する必要があるため、やっかいで、さらには間違いの元にもなりかねません。

幸いなことに、「Mbed」では、「GPIO」に限らず、「ペリフェラル」の「レジスタ」に直接アクセスする際に便利なように、これらの「シンボル」を定義しているファイルが使えます。
これは「マイコン」ごとに定義されています。
本書で使っている「マイコン **STM32F446**」の場合は、"stm32f446xx.h"[20] というファイルの中で、この「シンボル」が定義されています。

このファイルの中では、各「ペリフェラル」は「構造体」として定義され、その「メンバ (member)」が「ペリフェラル」の「レジスタ」に対応しています。
「GPIO」に対する「構造体」の名前は「GPIO_TypeDef」です。
この「構造体」の定義を**図6**に示します。

---

[20] "stm32f446xx.h" は「ST マイクロエレクトロニクス社」のサイトからもダウンロードできますが、簡単には「Mbed」の「統合開発環境」の中で、プログラムを「エクスポート」したときにできる「圧縮ファイル」を「解凍」したときに生成される「mbed」というフォルダの最下層にあるフォルダの中に入っています。
　　この同じフォルダに、この章で参照している "PinNamesTypes.hpp" や "PinNames.h" も入っています。

```
typedef struct
{
  __IO uint32_t MODER;      // モード・レジスタ
  __IO uint32_t OTYPER;     // 出力タイプ・レジスタ（open-drain/push-pull の設定）
  __IO uint32_t OSPEEDR;    // 出力スピード・レジスタ
  __IO uint32_t PUPDR;      // プルアップ／プルダウン・レジスタ
  __IO uint32_t IDR;        // 入力データ・レジスタ
  __IO uint32_t ODR;        // 出力データ・レジスタ
  __IO uint32_t BSRR;       // ビット・セット／リセット・レジスタ
  __IO uint32_t LCKR;       // コンフィギュレーション・ロック・レジスタ
  __IO uint32_t AFR[2];     // 代替え機能レジスタ
} GPIO_TypeDef;
```

図6 「GPIO」の「レジスタ」に対応する「構造体」「GPIO_TypeDef」
― 定義されているファイル：stm32f446xx.h ―

さらに、「GPIO_TypeDef」という「構造体」の「ポインタ」も、たとえば「GPIOA」というシンボルとして定義されています。

そのため、「GPIOA」の出力部の状態を設定する「モード・レジスタ OTYPER」は、「シンボル GPIOA」が「構造体」の「ポインタ」であるということから、次のように表わせます。

```
(*GPIOA).OTYPER
  または
GPIOA->OTYPER
```

このどちらでもかまいませんが、通常は「GPIOA->OTYPER」と書きます。

そのほかに、「GPIO」の出力部の状態を設定する「レジスタ」に "1" を書き込むのが何ビット目であるかということもシンボルで表現したいところです。

● 列挙子
ところで、リスト1で「DigitalOut クラス」の「オブジェクト」を宣言する際に、たとえば次のように記述しています。

```
DigitalOut ledR(D2, 0);
```

この、「D2」は、「マイコン・ボード」の端子名ですが、これは「PinName 列挙型」の「列挙子」です。

「PinName 列挙型」の定義と構成を図7に示します。

この図の (b) から分かるように、この「列挙子」は、「GPIO」の「レジスタ」の「何ビット目か」という情報も含んでいます。

この情報は、次に示す「マクロ STM_PIN」[21] で取得できます。

なお、この「何ビット目か」という情報は、「STM_PIN」で取得していることもあり、「ピン番号」と呼ぶことにします。

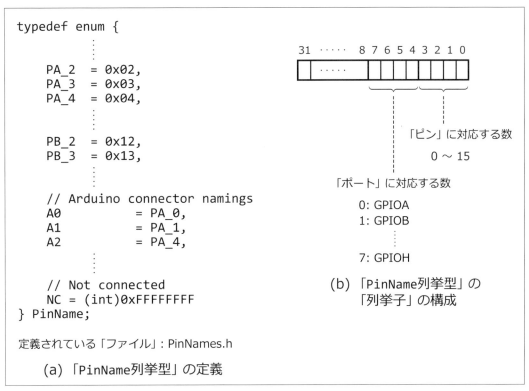

```
typedef enum {
         :

    PA_2  = 0x02,
    PA_3  = 0x03,
    PA_4  = 0x04,


    PB_2  = 0x12,
    PB_3  = 0x13,
         :

    // Arduino connector namings
    A0          = PA_0,
    A1          = PA_1,
    A2          = PA_4,
         :

    // Not connected
    NC = (int)0xFFFFFFFF
} PinName;
```

定義されている「ファイル」: PinNames.h

(a) 「PinName列挙型」の定義

(b) 「PinName列挙型」の「列挙子」の構成

図7 「PinName 列挙型」の定義と「列挙子」の構成

```
STM_PIN(x)    x：端子の名前に対応する「PinName 列挙型」の「変数」
              定義されているファイル： PinNamesTypes.h
```

＊

以上のことを使うと、「D2」を「オープン・ドレイン」の状態に設定する場合は、次のように書くことができます。

```
GPIOA->OTYPER |= 1 << STM_PIN(D2);
```

したがって、**リスト1の23行目**をこのように書き替えても、「赤のチップ」は完全に消灯します。

2.3　「GPIO」の出力状態を設定する「グローバル関数」

■ 2-3-1 「GPIO」の出力を「オープン・ドレイン」／「プッシュ・プル」に設定する「グローバル関数」

「GPIO」の出力を「オープン・ドレイン」に設定する方法は分かりましたが、いろいろなシンボルを使う必要があるので、実際に使うにはこれでも煩雑です。

そこで、そのための「グローバル関数」を作ります。

ついでですので、「オープン・ドレイン」に設定されている出力を「プッシュ・プル」に設定する関数も作ります。

＊

そのプログラムを示す前に、「マイコン・ボード」の端子名に対応する「PinName列挙型」の「列挙子」から、「ポート」に対応する数値を取得する「マクロ STM_PORT」[22] を以下に示します。

```
STM_PORT(x)    x：端子の名前に対応する「PinName列挙型」の「変数」
               「GPIOA」：0、「GPIOB」：1、・・・・・、「GPIOH」：7
               定義されているファイル：PinNamesTypes.h
```

以下では、次の2つの「グローバル関数」を作ります。

```
＜出力ポートを「オープン・ドレイン」に設定する関数＞
     SetOpenDrain(PinName p0, PinName p1, ・・・・・, PinName p15)
＜出力ポートを「プッシュ・プル」に設定する関数＞
     SetPushPull(PinName p0, PinName p1, ・・・・・, PinName p15)
```

リスト2に、この2つの「グローバル関数」を示します[23]。

いずれの関数も、設定できる端子は「PinName列挙型」の「変数」[24]を「引数」として与えます。

「引数」の数は1個から16個まで記述しています。
「第2引数」から「第16引数」には「デフォルト値」として「NC」(No connection) が設定されています。

※「NC」とは、どこにも接続されていない「端子」であることを表わします。

そのため、これらの関数を使う場合は、「引数」は1個から、最大で16個の「引数」まで与えることができます。

---

[22] "PinNamesTypes.h" の中で定義されています。
[23] 筆者は、これらを「ライブラリ」として「Mbed」に登録しているので、「インポート」して使えます。
　「インポート」の際は、「UIT」または「呂」（漢字です）という「キーワード」で検索すれば「UIT_SetOutputPortType」という名称の「ライブラリ」が見つかります。
　これを「インポート」すれば使えるようになります。
[24] 「PinName列挙型」の「変数」とは、たとえば**リスト1**であれば、「D2」,「D3」などです。
　その他「A0」、「PB_1」というのもあります。
　くわしくは、"PinNemas.h" を参照してください。

リスト2　SetOutputPortType.hpp

```
 1: //---------------------------------------------------------------------------
 2: //  出力ポートを，オープンドレインまたはプッシュプルに設定するグローバル関数
 3: //  (Global functions for setting the output port bit open-drain or push-pull)
 4: //      SetOpenDrain()    オープンドレインに設定 (Set open-drain)
 5: //      SetPushPull()     プッシュプルに設定 (Set push-pull)
 6: //  Nucleo 用 (For Nucleo)
 7: //
 8: //  "PA_0", "PB_0", "PC_0" などの定義 : PinNames.h
 9: //  "PA_0", "PB_0", "PC_0", etc. are defined in PinNames.h.
10: //
11: //  この関数を使う前に，使用する GPIO ポートは使える状態に設定しておくこと
12: //  (Before using this function, the GPIO port must be enabled.)
13: //
14: //      PinName 型変数の 4 ～ 7 ビット：ポート番号 (0 = A, 1 = B, ……)
15: //      PinName 型変数の 0 ～ 3 ビット：ピン番号(0 ～ 15)
16: //
17: //  STM_PORT(), STM_PIN() は
18: //      mbed\TARGET_NUCLEO_F446RE\TARGET_STM\PinNamesTypes.h 参照
19: //
20: //  2019/12/17, Copyright (c) 2019 MIKAMI, Naoki
21: //---------------------------------------------------------------------------
22:
23: #include "mbed.h"
24:
25: #ifndef SET_OUTPUT_PORT_TYPE_HPP
26: #define SET_OUTPUT_PORT_TYPE_HPP
27:
28: namespace Mikami
29: {
30:     // 出力ポートをオープンドレインに設定する
31:     void SetOpenDrain(PinName p0,        PinName p1  = NC, PinName p2  = NC,
32:                       PinName p3  = NC, PinName p4  = NC, PinName p5  = NC,
33:                       PinName p6  = NC, PinName p7  = NC, PinName p8  = NC,
34:                       PinName p9  = NC, PinName p10 = NC, PinName p11 = NC,
35:                       PinName p12 = NC, PinName p13 = NC, PinName p14 = NC,
36:                       PinName p15 = NC)
37:     {
38:         PinName pins[16] = { p0,  p1,  p2,  p3,  p4,  p5,  p6,  p7,
39:                              p8,  p9, p10, p11, p12, p13, p14, p15};
40:
41:         for (int n=0; n<16; n++)
42:         {
43:             if (pins[n] == NC) break;
44:             uint32_t address = (STM_PORT(pins[n]) << 10) + GPIOA_BASE;
45:             ((GPIO_TypeDef *)address)->OTYPER |= 1 << STM_PIN(pins[n]);
46:         }
47:     }
48:
49:     // 出力ポートをプッシュプルに設定する
50:     void SetPushPull(PinName p0,        PinName p1  = NC, PinName p2  = NC,
51:                      PinName p3  = NC, PinName p4  = NC, PinName p5  = NC,
52:                      PinName p6  = NC, PinName p7  = NC, PinName p8  = NC,
53:                      PinName p9  = NC, PinName p10 = NC, PinName p11 = NC,
54:                      PinName p12 = NC, PinName p13 = NC, PinName p14 = NC,
55:                      PinName p15 = NC)
56:     {
57:         PinName pins[16] = { p0,  p1,  p2,  p3,  p4,  p5,  p6,  p7,
58:                              p8,  p9, p10, p11, p12, p13, p14, p15};
59:
60:         for (int n=0; n<16; n++)
61:         {
62:             if (pins[n] == NC) break;
63:             uint32_t address = (STM_PORT(pins[n]) << 10) + GPIOA_BASE;
64:             ((GPIO_TypeDef *)address)->OTYPER &= ~(1 << STM_PIN(pins[n]));
65:         }
```

（44～45行目の注釈）
「GPIO」の「レジスタ」の先頭アドレスは「GPIOA」，「GPIOB」，…… で違うので，対応する「GPIO」の「レジスタ」の先頭アドレスを計算する

「ポート」の番号

「ポート」の「ピン」の番号

「GPIO」の「レジスタ」に対応する「構造体」の「ポインタ」

```
66:    }
67: }
68: #endif  // SET_OUTPUT_PORT_TYPE_HPP
```

　「オープン・ドレイン」または「プッシュ・プル」に設定する対象になっている「ポート」は、これらの関数の「引数」から「マクロ」の「STM_PORT」を使って取得できます。

　この値は、前の説明にあるように、「0 ～ 7」の数値であり、「ポート」に対応する「GPIO」の先頭「アドレス」ではありません。
　そこで、最初にこの数値から「ポート」に対応する「GPIO」の先頭「アドレス」を計算します。
　これが、「SetOpenDrain()」では 44 行目、「SetPushPull()」では 63 行目の処理です。

　これらの処理は、次のように行なっています。

＊

　「GPIOA」の先頭「アドレス」は "GPIOA_BASE" で定義されています。
　一方、各「GPIO」の先頭「アドレス」どうしは**表2**から分かるように "0x400" 離れています。
　したがって、たとえば「GPIOB」の先頭「アドレス」は "0x400+GPIOA_BASE"、「GPIOC」の先頭「アドレス」は "0x400*2+GPIOA_BASE"、‥‥‥のように計算できます。

　そのため、「ポート」に対応する「GPIO」の先頭「アドレス」は以下のように計算できます。

```
uint32_t address = (STM_PORT(pins[n]) << 10) + GPIOA_BASE;
```

　プログラムでは、この「アドレス」を「GPIO_TypeDef 型」の「ポインタ」に「キャスト」して、「GPIO」の出力部の状態を設定する「モード・レジスタ OTYPER」に値を書き込んでいます。
　これが、「SetOpenDrain()」では 45 行目、「SetPushPull()」では 64 行目の処理です。

> ※なお、この 2 つの「グローバル関数」は、「Mikami」という「名前空間」の内部で定義しています。
> 　そのため、これらの「関数」を使う場合は、「関数」の頭に「Mikami::」を付けるか、使う前に「using namespace Mikami」という「using 文」を書いておく必要があります。

■ 2-3-2 「GPIO」の出力を「オープン・ドレイン」または「プッシュ・プル」に設定する「グローバル関数」を使うプログラムの例

2-3-1 で説明した「グローバル関数」を使って、**リスト1**のプログラムに、「赤のLED」に接続されている「GPIO」の出力部を「オープン・ドレイン」または「プッシュ・プル」に切り替える処理を追加したプログラムを、**リスト3**に示します。

リスト3　IO_RGB_LED_OD_Function¥main.cpp

```
 1: //-------------------------------------------------------------
 2: // RGB フルカラー LED で赤色の GPIO 出力のオープン・ドレイン設定の
 3: // 有無の違いを確認する
 4: //      使用 LED： OSTAMA5B31A
 5: //      使用端子：  D2: R, D3: G, D4: B
 6: //
 7: // 2019/12/23, Copyright (c) 2019 MIKAMI, Naoki
 8: //-------------------------------------------------------------
 9:
10: #include "mbed.h"
11: #include  <cctype>              // tolower() で使用
12: #include "SetOutputPortType.hpp"  ←  SetOpenDrain(),
13: using namespace Mikami;               SetPushuPull() が
14: #pragma diag_suppress 870    // マルチバイト文字使用の警告抑制のため  定義されている
15:
16: int main()
17: {
18:     printf("\r\n\nオープン・ドレイン設定有無のテスト. \r\n");
19:     printf("最初の D2 の状態: プッシュ・プル\r\n");
20:     printf("ターミナルから 'r', 'g', 'b' を入力するとその色のみが点灯する. \r\n");
21:     printf("ターミナルから 'Enter' のみを入力するとすべて消灯する. \r\n");
22:     printf("赤の LED の出力端子: \r\n");
23:     printf("    'o' でオープンドレイン, 'p' でプッシュプルに設定される. \r\n");
24:
25:     DigitalOut ledR(D2, 0); // 赤
26:     DigitalOut ledG(D3, 0); // 緑
27:     DigitalOut ledB(D4, 0); // 青
28:
29:     Serial pc(USBTX, USBRX);    // 「PC」との通信用
30:     pc.printf("? ");
31:
32:     while (true)
33:     {
34:         if (pc.readable())
35:         {
36:             ledR = ledG = ledB = 1; // 一旦消灯
37:             char ch = tolower(pc.getc());
38:             pc.printf("%c\r\n? ", ch);
39:
40:             switch (ch)                          ← 赤色「LED」のみ点灯
41:             {
42:                 case 'r': ledR = 0; break;  ← 緑色「LED」のみ点灯
43:                 case 'g': ledG = 0; break;  ← 青色「LED」のみ点灯
44:                 case 'b': ledB = 0; break;
45:                 case 'o': SetOpenDrain(D2); break;  // D2 をオープン・ドレインに設定
46:                 case 'p': SetPushPull(D2);  break;  // D2 をプッシュ・プルに設定
47:             }
48:         }
49:     }
50: }
```

このプログラムは、「ターミナル・ソフト」から"o"（オー）を入力すれば「オープン・ド
レイン」に、"p"を入力すれば「プッシュ・プル」に切替わります。

※なお、**リスト3**では、**13行目**に「using namespace Mikami」という「using文」
があります。
この指定がない場合は、「関数名」を「Mikami::SetOpenDrain」や「Mikami::Set
PushuPull」のように書く必要があります。

*

図8には、このプログラムのファイル構成を示します。
この中にある「UIT_SetOutputPortType」というフォルダは、「Mbed」の「サーバ」から「イ
ンポート」したもので、この中の「SetOutputPortType.hpp」には**リスト2**のプログラムが入っ
ています。

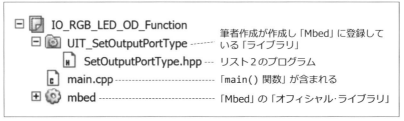

図8　リスト3のプログラム「IO_RGB_LED_OD_Function」のファイル構成

*

この章では、「GPIO」を使うプログラミングを例として、「Mbed」の限界とそれを打ち破
る方法を見てきました。
基本的には、「Mbed」の限界を打破するためには「ペリフェラル」の「レジスタ」に直接
アクセスすればよいことが分かったと思います。

また、「ペリフェラル」の「レジスタ」に直接アクセスするには、「ポインタ」を使えばよいこと、
さらには、「ペリフェラル」の「レジスタ」は、「stm32f446xx.h」（「Nucleo-F446RE」の場合）
というファイルの中で、「構造体」としてあらかじめ定義されており、それをうまく使えば、
「ペリフェラル」の「アドレス」の数値を直接に使うことなくプログラムを作れることが分かっ
たと思います。

*

次の章からは、「GPIO」以外の「ペリフェラル」で、「Mbed」の「オフィシャル・ライブラリ」
だけでは対応できないケースについて、具体的に説明していきます。

第3章 「割り込み」を使う

「割り込み」を使ったプログラムも、「Mbed」の「オフィシャル・ライブラリ」が対応している場合は簡単にプログラムを作ることができます。

しかし、たとえば、「クラス」の内部に「割り込みサービス・ルーチン」を書きたい場合は、少し工夫を要します。

また、「多重割り込み」を活用するプログラムを作る場合、「割り込み」の「優先順位」の設定が必要ですが、そのための仕組みは「Mbed」では提供されていません。

さらに、「ソフトウェア割り込み」も「Mbed」では提供されていません。

この章では、このような問題を解決する方法を説明します。

*

なお、この章のプログラムは、外付け回路として、第1章の図2の中の、「RGBフルカラーLED」と「押しボタンスイッチ」の部分を使います。

この部分を取り出して図1に示します。

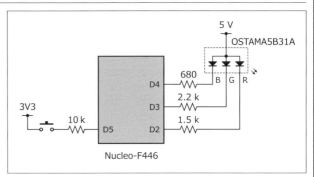

図1 「RGBフルカラーLED」と「押しボタンスイッチ」の回路図

3.1 「割り込みサービス・ルーチン」をクラス内に記述する方法

「割り込みサービス・ルーチン」は、通常は「グローバル関数」としてプログラムに記述する場合が多いと思います。

しかし、「クラス」の中の「メンバ関数」として「割り込みサービス・ルーチン」を記述したい、という場合も出てきます。

*

その場合には、次のように二通りの方法があります。

① 通常の「メンバ関数」として記述する方法
②「staticメンバ関数」として記述する方法

この節では、この2つの方法について説明します。

■ 3-1-1 通常の「メンバ関数」として記述する方法

「クラス」の中で、「割り込みサービス・ルーチン」を通常の「メンバ関数」として簡単に記述できるのは、「Mbed」の「オフィシャル・ライブラリ」で、「割り込み」がサポートされている「クラス」の場合です。

たとえば、「Tickerクラス」「InterruptInクラス」などに対応する「割り込みサービス・ルーチン」を「クラス」内に書く場合に使える方法です。

*

　リスト1には、「Timeout クラス」を使った例を示します。

　このプログラムは、図1の回路で「マイコン・ボード」の端子「D4」に接続された外付け回路の「緑色 LED」を 0.1 秒おきに点滅させ、プログラム開始後 2 秒経過したところで、「LED」の点滅を終了させます。

　このように、特定の時間が経過したことを監視するために利用できる「クラス」を「Timeout クラス」を利用して作ります。

　これが「MyTimeout クラス」[25] で、「割り込みサービス・ルーチン」はこの「クラス」の内部に書くことにします。

＊

　この例では、「MyTimeout クラス」の「メンバ」として、**26 行目**に「Timeout クラス」の「オブジェクト timer_」を生成し、この「割り込み」を利用します。

　「オブジェクト timer_」に対する「割り込みサービス・ルーチン」は **29 行目**の「Isr()」ですが、この「Isr()」は「MyTimeout クラス」の通常の「メンバ関数」、つまり「非 static」の「メンバ関数」として、「MyTimeout クラス」の内部に定義しています。

　「メンバ関数 Isr()」を、「timer_」で発生する「割り込み」から呼ばれる「割り込みサービス・ルーチン」に割り当てる処理は、「MyTimeout クラス」の「メンバ関数 Start()」の **20 行目**にある「Timeout クラス」の「メンバ関数 attach()」を使って行なっています。

　その際の、「attach()」の第一引数が「Isr()」に対応するのですが、その書き方に注目してください。

```
callback(this, &MyTimeout::Isr)
```

という書き方になっています。

　この部分を「callback() 関数」を使わずに、単に「&MyTimeout::Isr」と書いただけでは文法的なエラーになります。

リスト1　IO_InClassNonstatic¥main.cpp

```
1: //------------------------------------------------------------
2: //  割込みサービス・ルーチン (ISR) をクラス内にメンバ関数として記述する方法
3: //     ISR の割り当てに, attach() などの Mbed 公式ライブラリの
4: //     メンバ関数を使い, ISR は非 static 関数にする場合
5: //  D4 に接続した LED が 2 秒間点滅し, その後消灯します
6: //
7: //  2020/03/16, Copyright (c) 2020 MIKAMI, Naoki
8: //------------------------------------------------------------
```

---

[25] 実際には「Timeout クラス」だけで、**リスト1**と同じ働きのプログラムは作れます。
　　しかし、ここでは「クラス」の内部に、「割込みサービス・ルーチン」を記述する方法を示すため、あえてこのような「クラス」を作っています。

```
 9:
10: #include "mbed.h"
11: #pragma diag_suppress 870    // マルチバイト文字使用の警告抑制のため
12:
13: class MyTimeout
14: {
15: public:
16:     MyTimeout() {}           // コンストラクタ
17:     void Start(float time)
18:     {
19:         on_ = true;
20:         timer_.attach(callback(this, &MyTimeout::Isr), time);
21:     }
22:     bool IsOn() { return on_; }
23:
24: private:
25:     bool on_;
26:     Timeout timer_; // Timeout: Mbed の公式ライブラリで提供されるクラス
27:
28:     // クラス内の割り込みサービス・ルーチン
29:     void Isr() { on_ = false; }
30: };
31:
32: int main()
33: {
34:     printf("\r\nLED が 2 秒間点滅し, その後, 消灯します\r\n");
35:     MyTimeout timer;
36:     timer.Start(2);             // timer が ON になっている時間を 2 秒とする
37:     DigitalOut ledB(D4, 1);
38:
39:     while (timer.IsOn())     // 2 秒経過するまで繰り返す
40:     {
41:         ledB = !ledB;
42:         wait(0.1);
43:     }
44:     while (true) {}
45: }
```

「割込みサービス・ルーチン」が「非 static 関数」の場合, このように書く

この「割込みサービス・ルーチン」は「非 static 関数」

■ 3-1-2 「static メンバ関数」として記述する方法

　3-1-1 で説明した方法は、「attach()」に相当するような「メンバ関数」が提供されている「Mbed」の「オフィシャル・ライブラリ」の「クラス」であれば対応はできます。
　しかし、たとえば自作の「クラス」ではそのような「メンバ関数」を作るのが大変なので、別の方法を使うのが普通です。

*

　その方法とは、「割り込みサービス・ルーチン」を「static メンバ関数」にする方法です。
　リスト1と同じ働きをするプログラムですが、「クラス」内の「割り込みサービス・ルーチン」を「static メンバ関数」とするプログラムをリスト2に示します。

リスト2　IO_InClassStatic¥main.cpp

```
 1: //-------------------------------------------------------------
 2: //  割込みサービス・ルーチン (ISR) をクラス内にメンバ関数として記述する方法
 3: //     ISR の割り当てに, attach() などの Mbed 公式ライブラリの
 4: //        メンバ関数を使い, ISR は static 関数にする場合
 5: //  D4 に接続した LED が 2 秒間点滅し, その後消灯します
 6: //
 7: //  2020/01/30, Copyright (c) 2020 MIKAMI, Naoki
 8: //-------------------------------------------------------------
 9:
10: #include "mbed.h"
11: #pragma diag_suppress 870    // マルチバイト文字使用の警告抑制のため
12:
13: class MyTimeoutStatic
14: {
15: public:
16:     MyTimeoutStatic() {}    // コンストラクタ
17:     void Start(float time)
18:     {
19:         on_ = true;
20:         timer_.attach(&Isr, time);
21:     }
22:     bool IsOn() { return on_; }
23:
24: private:
25:     static bool on_;
26:     Timeout timer_; // Timeout: Mbed の公式ライブラリで提供されるクラス
27:
28:     // クラス内の割り込みサービス・ルーチン
29:     static void Isr() { on_ = false; }
30: };
31: bool MyTimeoutStatic::on_; // メンバ変数 on_ の実体

       （以下省略）
```

17〜20行目注記：「割込みサービス・ルーチン」が「static 関数」の場合, このように書く

25行目注記：この「変数」は「static 関数」内で使われるので, 「static」にする必要がある

29行目注記：この「割込みサービス・ルーチン」は「static 関数」

31行目注記：「static データ・メンバ」は, このように「クラス」の外部で実体を定義する必要がある

　リスト1と違うところは、29行目のように「割り込みサービス・ルーチン」の関数名の頭に「static」という「修飾子」を付け、「static メンバ関数」としているところです。

　このときに気を付けなければならないのは、「static メンバ関数」の中で使える「メンバ」は「static メンバ」でなければならないということです。

　そのため、「static メンバ関数」の中で使われている「on_」は25行目で「static データ・メンバ」として宣言されています。

　なお、「static データ・メンバ」は、「クラス」の外部で定義する必要があります。
　その定義が31行目になります。

＊

　これ以降はリスト1と同じなので、省略します。

＊

　「割り込みサービス・ルーチン」が「static メンバ関数」の場合には、「割り込みサービス・ルーチン」を割り当てる関数の書き方も違ってきて、20行目のようになり、「callback()関数」を使う必要はありません。

＊

　両方の書き方を比較するため、リスト1とリスト2の対応する箇所を対比して、以下に示します。

```
リスト1： timer_.attach(callback(this, &MyTimeout::Isr), time);    20行目
リスト2： timer_.attach(&Isr, time);                               20行目
```

■ 3-1-3 「割り込みサービス・ルーチン」をクラス内に記述する方法の応用

次に、3-1-1で説明した「割り込みサービス・ルーチン」を「クラス」内に記述する方法の実用的な例を示します。

＊

これは、「Mbed」の「オフィシャル・ライブラリ」として提供されている、「InterruptInクラス」と「Timeout クラス」を組み合わせて作った、「チャタリング」を防止するための「PushButton クラス」です。

この「クラス」を使うと、「マイコン・ボード」の外部に接続した「押しボタンスイッチ」の「チャタリング」を簡単に防止できます。

リスト3に「PushButton クラス」を示します。

リスト3　(a)「クラス」の定義　(IO_PushButton¥PushButton¥PushButton.hpp)

```
 1: //--------------------------------------------------------------
 2: //  InterruptIn, Timeout を利用してチャタリングを防止するクラス，ヘッダ
 3: //      割込みサービス･ルーチンは非 static 関数にしている
 4: //
 5: //  2020/02/16, Copyright (c) 2020 MIKAMI, Naoki
 6: //--------------------------------------------------------------
 7:
 8: #include "mbed.h"
 9:
10: #ifndef PUSHBUTTON_CLASS_HPP
11: #define PUSHBUTTON_CLASS_HPP
12:
13: namespace Mikami
14: {
15:     class PushButton
16:     {
17:     public:
18:         enum RiseFall { RISE, FALL };
19:
20:         // コンストラクタ
21:         PushButton(PinName pin, PinMode mode, RiseFall rf, void (*Func)(),
22:                    float time = 0.1);
```
> この時間（単位：秒）が経過するまでは新たな InterruptIn 割込みを受け付けない
```
23:
24:     private:
25:         InterruptIn pbSw_;      // Mbed オフィシャル･ライブラリのクラスのオブジェクト
26:         Timeout enabler_;       // Mbed オフィシャル･ライブラリのクラスのオブジェクト
27:         void (*fp_)();          // コンストラクタの引数で与えられた関数に対応するポインタ
28:         float time_;            // InterruptIn 割込みを無効にしている時間
29:
30:         // InterruptIn の割込みサービス･ルーチン
31:         void IsrIntrIn();
```
> この「割込みサービス・ルーチン」は「非 static 関数」
```
32:
33:         // Timeout の割込みサービス･ルーチン
34:         void IsrTimeout();
```
> この「割込みサービス・ルーチン」は「非 static 関数」
```
35:
```

```
36:          // コピー・コンストラクタおよび代入演算子の禁止のため
37:          PushButton(const PushButton& );
38:          PushButton& operator=(const PushButton& );
39:     };
40: }
41: #endif  // PUSHBUTTON_CLASS_HPP
```

(b)「メンバ関数」の定義　(IO_PushButton¥PushButton¥PushButton.cpp)

```
 1: //-----------------------------------------------------------
 2: //   InterruptIn, Timeout を利用してチャタリングを防止するクラス
 3: //       割込みサービス・ルーチンは非 static 関数にしている
 4: //
 5: //   2019/03/22, Copyright (c) 2019 MIKAMI, Naoki
 6: //-----------------------------------------------------------
 7:
 8: #include "PushButton.hpp"
 9:
10: using namespace Mikami;
11:
12: // コンストラクタ
13: PushButton::PushButton(PinName pin, PinMode mode, RiseFall rf,
14:                        void (*Func)(), float time)
15:     : pbSw_(InterruptIn(pin, mode)), fp_(Func), time_(time)
16: {
17:     if (rf == RISE)
18:         pbSw_.rise(callback(this, &PushButton::IsrIntrIn));
19:     else
20:         pbSw_.fall(callback(this, &PushButton::IsrIntrIn));
21: }
22:
23: // InterruptIn の割込みサービス・ルーチン
24: void PushButton::IsrIntrIn()
25: {
26:     pbSw_.disable_irq();       interruptIn の割込みを無効にする
27:     enabler_.attach(callback(this, &PushButton::IsrTimeout), time_);
28:     fp_();        // コンストラクタの引数で与えられた関数が実行される
29: }
30:
31: // Timeout の割込みサービス・ルーチン    time_ で指定された時間が経過すると,
32: void PushButton::IsrTimeout()           この「イベント・ハンドラ」が呼ばれる
33: {
34:     pbSw_.enable_irq();        interruptIn の割込みを有効にする
35: }
```

● リスト3(a)の解説

　「PushButton クラス」には、「InterruptIn クラス」の「オブジェクト」である**25行目**の「pbSw_」と、「Timeout クラス」の「オブジェクト」である**26行目**の「enabler_」が、「メンバ」として宣言されています。

　「fp_」は「割り込みサービス・ルーチン IsrIntrIn()」の中で実行される「関数」が割り当てられる「関数ポインタ」です。

*

　31行目は「pbSw_」が発生する「割り込み」に対応する「割り込みサービス・ルーチン IsrIntrIn()」の宣言です。

　34行目は「enabler_」が発生する「割り込み」に対応する「割り込みサービス・ルーチン IsrTimeout()」の宣言です。

この2つの「割り込みサービス・ルーチン」は、いずれも「非static」の「メンバ関数」にしています。

＊

37、38行目は、暗黙に生成される「コピー・コンストラクタ」やこの「クラス」の「代入演算子」を使えないようにするために書いているものです。

くわしくは、本章のコラムを参照してください。

● リスト3(b) の解説

「InterruptIn クラス」の「オブジェクト pbSw_」が発生する「割り込み」に対応する「割り込みサービス・ルーチン」は、24行目からはじまる「IsrIntrIn()」です。

この割り当ては、「PushButton クラス」の「コンストラクタ」で行なっています。

18行目の「pbSw_.rise()」または20行目の「pbSw_.fall()」が、この割り当てです。

＊

なお、「InterruptIn クラス」は、「割り込みサービス・ルーチン」を割り当てる「メンバ関数」を2つもっています。

一つは、外部からの入力端子が「L」→「H」と変化したときに発生する「割り込み」に対応する「rise()」で、もう一つは、外部からの入力端子が「H」→「L」と変化したときに発生する「割り込み」に対応する「fall()」です。

そのため、この「PushButton クラス」では、内部で定義している「列挙型 RiseFall」の「RISE」と「FALL」を使って、この両者を区別するようにしています。

この「列挙型 RiseFall」はリスト3(a) の18行目で定義しています。

この「PushButton クラス」の「コンストラクタ」は、「RiseFall 型」の「引数」をもつようにしており、その値によって、どちらの「割り込み」を使うか決めるようにしています。

＊

また、「コンストラクタ」の「第四引数」は「関数ポインタ」を与えるようになっていますが、これは、外部で定義されている「関数」を、「InterruptIn クラス」に対応する「割り込みサービス・ルーチン IsrIntrIn()」の中で使うようにするためのものです。

[1] 「IsrIntrIn()」の中では、26行目に示すように、最初にこの「クラス」内の「InterruptIn クラス」の「オブジェクト pbSw_」に対応する「割り込み」を禁止します。

これにより、「PushButton クラス」の「コンストラクタ」で指定された時間が経過していない場合は、外部からの信号があっても、「InterruptIn クラス」が「割り込み」の要求を出せなくなります。

[2] 次に、27行目で「Timeout クラス」の「メンバ関数 attach()」を使って、「Timeout クラス」に対応する「割り込みサービス・ルーチン」である「メンバ関数 IsrTimeout()」を割り当てるとともに、「Timeout クラス」の「タイマ」を開始する指令を発しています。

[3] 最後に、28行目で「コンストラクタ」の「第四引数」で与えられた「関数ポインタ」に対応する処理を実行します。

「割り込みサービス・ルーチン `IsrTimerout()`」は、「`IsrIntrIn()`」の中の**27 行目**で「`attach()`」が実行されてから、「コンストラクタ」の「第五引数」で指定された時間が経過したところで呼ばれます。

この中では、「`InterruptIn` クラス」の「オブジェクト `pbSw_`」に対応する「割り込み」の禁止を解除し、「`InterruptIn` クラス」による「割り込み」をふたたび使えるようにします。

*

リスト4には「`PushButton` クラス」の使用例を示します。

また、この使用例のファイル構成を**図2**に示します。

リスト4　IO_PushButton¥main.cpp

```
 1: //----------------------------------------------------------
 2: //    押しボタンスイッチのチャタリング防止付き InterruptIn の使用例
 3: //       使用 LED：マイコンボード上
 4: //       押しボタンスイッチ: D5 に接続
 5: //
 6: //  2019/12/24, Copyright (c) 2019 MIKAMI, Naoki
 7: //----------------------------------------------------------
 8:
 9: #include "PushButton.hpp"
10: #include "SetOutputPortType.hpp"
11: using namespace Mikami;
12: #pragma diag_suppress 870    // マルチバイト文字使用の警告抑制のため
13:
14: BusOut bOut_(D2, D3, D4);    // D2: 赤, D3: 緑, D4: 青
15:
16: // PushButton に対応する割込みサービス・ルーチン
17: void Isr()
18: {
19:     bOut_ = bOut_ + 1;        「BusOut クラス」では，「++」演算子や
20: }                             「+=」演算子は定義されていない
21:
22: int main()
23: {
24:     printf("\r\nチャタリング防止付き InterruptIn の使用例\r\n");
25:     printf("スイッチを押すたびに LED の発光状態が変わります\r\n");
26:
27:     PushButton sw(D5, PullDown, PushButton::RISE, &Isr, 0.2);
28:
29:     SetOpenDrain(D2);         赤色の LED を駆動する GPIO の出力を「オー
30:     bOut_ = 0;   // 最初は全点灯  プン・ドレイン」に設定し，赤色の LED を完
31:                               全な消灯状態にできるようにするため
32:     while (true) {}
33: }
```

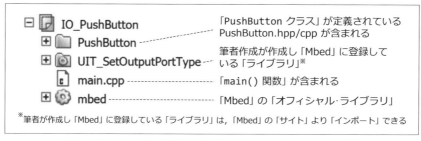

図2　リスト4のプログラム「IO_PushButton」のファイル構成

このプログラムは、**図1**に示す回路で、「押しボタンスイッチ」を押すたびに、「RGB フルカラー LED」の「点灯/消灯」状態を 8 通りに変化させていくというものです。

「押しボタンスイッチ」は通常 ON/OFF の切り換え時に、「チャタリング」という ON/OFF を何回も繰り返す現象を生じます。

この「チャタリング」の影響で、「押しボタンスイッチ」を 1 回押したにもかかわらず、2 回またはそれ以上押したようにプログラムが判断してしまい、想定しているような動作にならないことがあります。

そこで、ここでは「チャタリング」を防止するための「PushButton クラス」を使っています。

● **リスト 4 の解説**

27 行目で、「PushButton クラス」の「オブジェクト sw」を生成しています。

「押しボタンスイッチ」を押すと「割り込み」が発生し、「割り込みサービス・ルーチン」の「Isr()」が呼ばれます。

ここで、「RGB フルカラー LED」に対応する「オブジェクト bOut_」を「+1」して、「点灯/消灯」状態を変化させます。

> ※ なお、「bOut_」は下位の 3 ビットぶんだけに意味をもたせているため、「bOut_」の値をどんどん増加させても、おかしな動作を行なうことはありません。

*

29 行目で行なっている処理は、赤の LED を駆動する「GPIO」の出力（ピンの D2）を「オープン・ドレイン」状態に設定するためのものです。

この設定を行なわない場合、「bOut_」の状態が、赤の LED が完全に消灯状態でなければならない状態になっても、完全には消灯しないで、うすく点灯する状態になります。

ここで使っている「関数 SetOpenDrain()」は **10 行目**の「インクルード・ファイル」「SetOutputPortType.hpp」[26] の中で定義されています。

---

[26] これは**第2章**で作ったもので、「Mbed」に「ライブラリ」として登録しています。
　「ライブラリ」を検索する画面で、「呂」という「キーワード」で検索すると、筆者が「Mbed」に登録している「ライブラリ」の一覧が表示され、そこから自由に「インポート」できます。

3.2 「割り込み」機能を有する「クラス」の作り方

この節では、自作の「クラス」で「割り込み」をサポートする方法を紹介します。

■ 3-2-1 「割り込み」の設定で使う「CMSIS」の関数

「割り込み」を使うプログラムで、「Mbed オフィシャル・ライブラリ」ではサポートされていない「割り込み」の機能を利用したい場合も出てきます。

その場合は、「CMSIS」[27]という「Arm マイコン」の共通「ライブラリ」で提供されている、「割り込み」をサポートする関数を使うと、比較的簡単に「割り込み」の機能を利用できます。

ここでは三種類の「関数」について説明します。

*

「CMSIS」で「割り込み」をサポートする関数名の頭には、「NVIC_」が付いています。

これは「Arm マイコン」の「割り込みコントローラ」が「NVIC」(Nested Vectored Interrupt Controller) と呼ばれていることによります。

*

① 最初は、「割り込み番号」に対応する「割り込みサービス・ルーチン」の「アドレス」を「割り込みベクタ」に設定する「関数」です。

書式を以下に示します。

```
＜「割り込み番号」に対応する「割り込みサービス・ルーチン」の「アドレス」を「割り込みベクタ」
に設定＞
        void NVIC_SetVector(IRQn_Type IRQn, uint32_t addr)
            IRQn    「割り込み番号」
            addr    「割り込みサービス・ルーチン」の「アドレス」
```

*

② 次に、「割り込み番号」に対応する「割り込み」を有効にする「関数」と無効にする「関数」の書式を以下に示します。

```
＜「割り込み番号」に対応する「割り込み」を有効にする＞
        void NVIC_EnableIRQ(IRQn_Type IRQn)
            IRQn    「割り込み番号」
```

```
＜「割り込み番号」に対応する「割り込み」を無効にする＞
        void NVIC_DisableIRQ(IRQn_Type IRQn)
            IRQn    「割り込み番号」
```

---

[27] 「CMSIS (Cortex Microcontroller System Interface Standard)」とは、「Cortex マイコン」のために「Arm 社」が標準化した「ソフトウェア・インターフェイス」の規格のことです。

③ これらの関数を使う場合は「割り込み番号」を知る必要があります。

　しかし、この番号に対応するシンボルが「stm32f446xx.h」というファイルの中で、「列挙型」の「IRQn_Type」として定義されているので、通常はこのシンボルを使います。

　この定義の一部を以下に示します。

```
            ⋮
    EXTI0_IRQn              = 6;
    EXTI1_IRQn              = 7;
    EXTI2_IRQn              = 8;
    EXTI3_IRQn              = 9;
    EXTI4_IRQn              = 10;
            (中略)
    TIM8_BRK_TIM12_IRQn     = 43;
    TIM8_UP_TIM13_IRQn      = 44;
    TIM8_TRG_COM_TIM14_IRQn = 45;
    TIM8_CC_IRQn            = 46;
            ⋮
```

■ 3-2-2 「インターバル・タイマ」用の「クラス」

　自作の「クラス」を「割り込み」に対応させる場合に、次の2つの処理を行なう必要があります。

①「割り込み番号」に対応する「割り込みサービス・ルーチン」の「アドレス」を「割り込みベクタ」に設定する
② その「割り込み」を有効にする

　この2つの処理は「Mbedオフィシャル・ライブラリ」では対応できません。
　しかし、「CMSIS」の「ライブラリ」を使えば簡単に対応できます。

　そのほかに、「ペリフェラル」の「レジスタ」を直接操作する必要も出てきます。
　この基本的な方法は、2-2ですでに説明しています。

　　　　　　＊
　「タイマ」の「レジスタ」に対応する「構造体」の名前は「TIM_TypeDef」で、この「構造体」の定義は図3のようになっています。

```
typedef struct
{
  __IO uint32_t CR1;      // コントロール・レジスタ1
      ‥‥‥
  __IO uint32_t DIER;     // DMA/割込みイネーブル・レジスタ
  __IO uint32_t SR;       // ステータス・レジスタ
      ‥‥‥
  __IO uint32_t CNT;      // カウンタ・レジスタ
  __IO uint32_t PSC;      // プリスケーラ
  __IO uint32_t ARR;      // 自動再ロード・レジスタ
      ‥‥‥
} TIM_TypeDef;
```

図3 「タイマ」の「レジスタ」に対応する「構造体」「TIM_TypeDef」― 定義されているファイル：stm32f446xx.h ―

ここでは、「Mbed オフィシャル・ライブラリ」ではサポートされていない、「マイコン」内蔵の「タイマ」を使い、周期的に「タイマ割り込み」を発生する「インターバル・タイマ」用の「クラス」を作ります。

*

まず、「マイコン」内蔵の「タイマ」を使って、周期的に「タイマ割り込み」を発生させる場合に使う、「タイマ」内部の要素の様子を**図4**に示します。

この図では、「タイマ」の「プリスケーラ・レジスタ PSC」に与えられる「クロック」の周波数は、ここで使っている「**STM32F446RE**」を最高の「クロック周波数」で使っている場合の値です。

「タイマ」には、①「クロック」が 180 MHz だけの「タイマ」と、② 90/180 MHz に切り替え可能な「タイマ」の二種類があります。

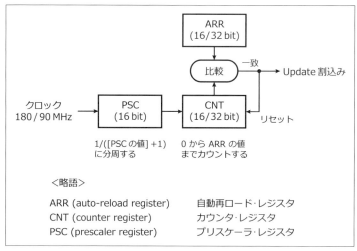

図4 「タイマ」で周期的「割り込み」を発生する方法

このクロックは「プリスケーラ・レジスタ PSC」で 1/([PSC の値]+1) に分周されて、「カウンタ・レジスタ CNT」に与えられます。

この「タイマ」は、「カウンタ・レジスタ CNT」をどんどんカウントアップし、その値が「自動再ロード・レジスタ ARR」に等しくなったと時点で「カウンタ・レジスタ CNT」を「0」にクリアすると同時に、「Update 割り込み」を発生させます。

このように、「カウンタ・レジスタ CNT」は 0 から「自動再ロード・レジスタ ARR」の値までカウントアップするので、「割り込み」発生の周期は、「カウンタ・レジスタ CNT」に与えられる「クロック」の周波数と「自動再ロード・レジスタ ARR」の値＋ 1 で決まります。

*

「タイマ」には「TIM13」を使うことにします。
リスト5に「**MyTicker13** クラス」を示します。

リスト5 「MyTicker13 クラス」

(a) 「クラス」の定義 (IO_MyTicker13¥MyTicker13¥MyTicker13.hpp)

```
 1: //-------------------------------------------------------------
 2: //  TIM13 , Update event (UEV) 割込みを使って,
 3: //  Ticker と同じような機能を持つクラス, ヘッダ
 4: //
 5: //  2019/12/24, Copyright (c) 2019 MIKAMI, Naoki
 6: //-------------------------------------------------------------
 7:
 8: #include "mbed.h"
 9:
10: #ifndef MYTICKER13_F446_HPP
11: #define MYTICKER13_F446_HPP
12:
13: namespace Mikami
14: {
15:     class MyTicker13
16:     {
17:     public:
18:         MyTicker13();
19:         // 割込みサービスルーチンの割り当てと割込み周期 (μs 単位) の設定
20:         void Attach_us(void (*Func)(), uint16_t time);
21:         // 割込みサービスルーチンの割り当てと割込み周期 (ms 単位) の設定
22:         void Attach_ms(void (*Func)(), uint16_t time);
23:         // 割込みを有効にする
24:         void Enable() { tim_->DIER |= TIM_DIER_UIE; }
25:         // 割込みを無効にする
26:         void Disable() { tim_->DIER &= ~TIM_DIER_UIE; }
27:
28:     private:
29:         // 割込みサービス・ルーチンの中で実行される関数のポインタ
30:         static void (*fp_)();
31:         // タイマに対応する構造体のポインタ
32:         static TIM_TypeDef* const tim_;
33:         static bool created_;
34:         uint32_t intClock_;    // TIM14 を駆動するクロック周波数
35:
36:         // 割込みサービス・ルーチン
37:         static void Isr();
38:         // タイマ設定の共通の処理
39:         void SetCommon(void (*Func)());
40:     };
41: }
42: #endif // MYTICKER13_F446_HPP
```

> 「タイマ」の「Update 割込み」を有効にするための「ビット・パターン」に対応するシンボル

> これらの「メンバ」は「static メンバ関数」の中で使われるので,「static」でなければならない. さらに,「static メンバ変数」は「クラス」外で実体を定義する必要がある

> この「クラス」の「オブジェクト」が複数生成されるのを防止するために使われるので,「static」にしている

(b) 「メンバ関数」および「static メンバ」の定義
(IO_MyTicker13¥MyTicker13¥MyTicker13.cpp)

```
 1: //-------------------------------------------------------------
 2: //  TIM13 の Update event (UEV) 割込みを使って,
 3: //  Ticker と同じような機能を持つクラス
 4: //
 5: //  2020/03/26, Copyright (c) 2020 MIKAMI, Naoki
 6: //-------------------------------------------------------------
 7:
 8: #include "MyTicker13.hpp"
 9: using namespace Mikami;
10:
11: MyTicker13::MyTicker13()
12: {
13:     MBED_ASSERT(!created_);    // このオブジェクトが複数生成されないようにするため
14:
15:     // TIM13 にクロック供給. "stm32f4xx_hal_rcc_ex.h" 参照
16:     __HAL_RCC_TIM13_CLK_ENABLE();
17:
```

> この「クラス」の「オブジェクト」を複数生成しようとすると, ここで実行時のエラー・メッセージを端末に表示して, 実行を停止する

> 本書で使っている「マイコン」は「ペリフェラル」を使う前に, その「ペリフェラル」へ必ずクロックを供給する必要がある. クロックを供給していない場合は, 初期設定もできない

```
18:     // TIM13 を駆動するクロックの周波数を求める
19:     if ((RCC->DCKCFGR & RCC_DCKCFGR_TIMPRE_Msk) == RCC_DCKCFGR_TIMPRE)
20:         intClock_ = SystemCoreClock;
21:     else
22:         intClock_ = SystemCoreClock/2;
23:     created_ = true;     // MyTicker13 のオブジェクトがすでに生成されていることを示す
24: }
25:
26: // 割込みサービスルーチンの割当てと割込み周期（μs 単位）の設定
27: void MyTicker13::Attach_us(void (*Func)(), uint16_t time)
28: {
29:     tim_->ARR = 10*time - 1;            // Auto-reload
30:     tim_->PSC = intClock_/10000000 - 1; // Prescaler
31:     SetCommon(Func);
32: }
33:
34: // 割込みサービスルーチンの割り当てと割込み周期（ms 単位）の設定
35: void MyTicker13::Attach_ms(void (*Func)(), uint16_t time)
36: {
37:     tim_->ARR = 10*time - 1;            // Auto-reload
38:     tim_->PSC = intClock_/10000 - 1;    // Prescaler
39:     SetCommon(Func);
40: }
41:
42: // 割込みサービス・ルーチン
43: void MyTicker13::Isr()
44: {
45:     // TIM13 の Update 割込みでない場合は return
46:     if ((tim_->SR & TIM_SR_UIF_Msk) != TIM_SR_UIF) return;
47:
48:     tim_->SR &= ~TIM_SR_UIF;    // Update 割込みをクリア
49:     fp_();  // Attach_us(), Attach_ms() の引数として渡された関数を実行
50: }
51:
52: // タイマ設定の共通の処理
53: void MyTicker13::SetCommon(void (*Func)())
54: {
55:     tim_->CR1 = TIM_CR1_CEN;    // Counter 有効
56:
57:     fp_ = Func; // Attach_us(), Attach_ms() の引数として渡された関数を割り当てる
58:
59:     NVIC_SetVector(TIM8_UP_TIM13_IRQn, (uint32_t)Isr);  // "core_cm4.h" 参照
60:     NVIC_EnableIRQ(TIM8_UP_TIM13_IRQn);                 // "core_cm4.h" 参照
61:
62:     Enable();           // Update 割込み有効
63: }
64:
65: // static メンバの実体
66: void (*MyTicker13::fp_)();
67: TIM_TypeDef* const MyTicker13::tim_ = TIM13;
68: bool MyTicker13::created_ = false;
```

> TIM13 を駆動するクロックの周波数は RCC の DCKCFGR の TIMPRE ビットの値で変わる

> 「static」メンバは，このようにクラス外で実体を定義する必要がある

> ここでは頭に「static」を付けない

　この「クラス」では、「クラス」内に作る「割り込みサービス・ルーチン」を、3-1-2で説明した「static メンバ関数」として記述する方法を採用します。

● リスト5(a) の解説

　「割り込みサービス・ルーチン」の割り当てと「割り込み周期」の設定を行なう「メンバ関数」は、2つ作っています。

*

　一つは「割り込み周期」を「μs単位」で設定できる「Attach_us()」で、もう一つは「ms単位」で設定できる「Attach_ms()」です。

＊

この「クラス」で使っている「タイマ」の「割り込み」を有効にする「メンバ関数 Enable()」は 24 行目で、無効にする「メンバ関数 Disable()」は 26 行目で定義されています。

ここで使っている「TIM_DIER_UIE」は、「タイマ」の「Update 割り込み」を有効にするための「ビット・パターン」に対応するシンボルです。

また「DIER」は、図 3 に示しているように、「DMA」や「割り込み」の有効／無効をコントロールするための「DMA/ 割り込みイネーブル・レジスタ」に対応するシンボルです。

「割り込みサービス・ルーチン」の「Isr()」は 37 行目で「static メンバ関数」として宣言されています。

また、この関数の中で使われる「メンバ」は「static」として宣言されています。

30 行目の「fp_」、32 行目の「tim_」が「static メンバ」になっています。

33 行目の「created_」も「static メンバ」になっていますが、これは、「割り込みサービス・ルーチン」の中では使われていないので、別の理由で「static メンバ」になっています。

その理由は、この「クラス」の「オブジェクト」が複数個生成されないようにするために使われているからです。

● リスト5(b) の解説
・コンストラクタ

「コンストラクタ」では、最初に 13 行目で、「static メンバ」の「created_」を使い、この「クラス」の「オブジェクト」がすでに生成されていないかを「MBED_ASSERT()」を使ってチェックします。

すでに生成されている場合は、「Mbed」所定の「エラー処理」が行なわれます。

16 行目は、この「クラス」で使う「タイマ TIM13」に「クロック」を供給するための処理です[28]。

19 ～ 22 行目では、図 4 の「プリスケーラ・レジスタ PSC」に与える「クロック」の周波数を設定するために使う「データ・メンバ intClock_」の値を求めています。

この値は、「RCC（Reset and Clock Control）」の「専用クロック設定レジスタ DCKCFGR」の「TIMPRE ビット」の状態により、「マイコン」の「システム・クロック」の周波数またはその半分の周波数になります。

最後に、この「クラス」の「オブジェクト」が複数生成されないようにするため、「created_」を「true」に設定しています。

---

[28] 本書で使っている「マイコン」は、内蔵する「ペリフェラル」に「クロック」を供給するかしないかで、その「ペリフェラル」の有効／無効を設定するようになっています。

「クロック」を供給しない場合、その「ペリフェラル」の消費電力は基本的にゼロになります。

デフォルトでは、「ペリフェラル」には「クロック」が供給されない状態になっているので、使う「ペリフェラル」には、最初にかならず「クロック」を供給する処理を行なう必要があります。

・「`Attach_us()`」と「`Attach_ms()`」

「`Attach_us()`」と「`Attach_ms()`」の処理で、「自動再ロード・レジスタ ARR」に設定する値は「−1」されていますが、これは**図4**で説明したように、「自動再ロード・レジスタ ARR の値 +1」が「カウンタ・レジスタ CNT」の周期になるからです。

「プリスケーラ・レジスタ PSC」に設定される値が「−1」されているのも、**図4**で説明したように 1/([PSC の値]+1) に分周されて、「カウンタ・レジスタ CNT」に与えられるからです。

どちらの関数も「TIM13」の「自動再ロード・レジスタ ARR」、「プリスケーラ・レジスタ PSC」の値を設定する以外の処理は、「`SetCommon()`」で行なっています。

・割り込みサービス・ルーチン「`Isr()`」

43 行目から始まる「`Isr()`」は「割り込みサービス・ルーチン」です。

「TIM13」のすべての「割り込み」と「TIM8」の「Update 割り込み」は共通の「割り込み番号」になっています[29]。

そのため「割り込み」発生元が何であるか調べる必要があります。

そこで、最初に **46 行目**で、「TIM13」の「Update 割り込み」かどうかを調べるため、「ステータス・レジスタ SR」の「Update 割り込み」を確認するためのシンボル「`TIM_SR_UIF`」、「`TIM_SR_UIF_Msk`」[30] を使ってチェックしています。

「TIM13」の「Update 割り込み」でなければ、何もせずに「`Isr()`」を終了します。

次に、**48 行目**で「Update 割り込み」が発生したことを示すビットを「`TIM_SR_UIF`」を使ってクリアします。

最後に **49 行目**で、「`Attach_us()`」または「`Attach_ms()`」の「引数」で与えられた、外部で定義されている「割り込みサービス・ルーチン」を実行します。

・SetCommon( )

53 行目から始まる「`SetCommon()`」は「`Attach_us()`」と「`Attach_ms()`」に共通する処理を行ないます。

*

まず **55 行目**では、「タイマ」の「コントロール・レジスタ CR1」の「CEN ビット」を「1」にセットするためのシンボル「`TIM_CR1_CEN`」を使って、このビットを「1」にセットし、「TIM13」の「カウンタ」を有効にしています。

次に、**57 行目**で、「`Attach_us()`」または「`Attach_ms()`」の引数で与えられた関数を「ポインタ fp_」に渡します。

59 行目の「`NVIC_SetVector()`」は「`TIM8_UP_TIM13_IRQn`」に対して、「割り込みサー

---

[29] そのシンボルは「`TIM8_UP_TIM13_IRQn`」です。

[30] 「`TIM_SR_UIF_Msk`」の値は「`TIM_SR_UIF`」の値と同じです。

「`TIM_SR_UIF_Msk`」は AND 用「マスク」として使うので、このような名前のシンボルが定義されています。

ビス・ルーチン `Isr()`」の「アドレス」を設定します。

60 行目の「`NVIC_EnableIRQ()`」は、59 行目の「`NVIC_SetVector()`」で設定した「割り込み」を有効にします。

これは「CPU」の「割り込みコントローラ」側に対する設定です。

最後に 62 行目で、この「クラス」の「メンバ関数 `Enable()`」で「タイマ」の「割り込み」を有効にします。

これは「タイマ」側に対して必要な設定です。

・「static メンバ」の実体の定義

66、67、68 行目では「static メンバ」の実体を定義します。

この定義では、頭に「`static`」は付けないので、注意してください。

■ 3-2-3 「インターバル・タイマ」用の「クラス」を利用するプログラム

リスト6には「`MyTicker13` クラス」の使用例を示します。

図5には、そのファイル構成を示します。

リスト6 「MyTicker13 クラス」を使って「マイコン・ボード」の「LED」を点滅する
(IO_MyTicker13¥main.cpp)

```
1: //-----------------------------------------------------------
2: //   MyTicker13 のテスト
3: //
4: //   2020/01/25, Copyright (c) 2020 MIKAMI, Naoki
5: //-----------------------------------------------------------
6:
7: #include "MyTicker13.hpp"
8: using namespace Mikami;
9: #pragma diag_suppress 870    // マルチバイト文字使用の警告抑制のため
10:
11: DigitalOut led_(LED1, 0);
12:
13: // MyTicker13 に対する割込みサービス・ルーチン
14: void TimerIsr()
15: {
16:     led_ = !led_;    // LED 点灯/消灯交替
17: }
18:
19: int main()
20: {
21:     printf("\r\n\nMyTicker13 のテスト¥r¥n");
22:
23:     MyTicker13 timer;
24: //  MyTicker13 timer2;     // MyTicker13 のオブジェクトを複数生成すると
25:                            // 実行時エラーになる
26:     timer.Attach_ms(&TimerIsr, 1000);
27:
28:     while (true) {}
29: }
```

> 「MyTicker13 クラス」は，その「オブジェクト」が複数生成されるのを防止するため，複数生成された場合は実行時にエラーとなり，端末にエラー・メッセージを表示し，実行を停止するように作っている

図5 リスト6のプログラム「IO_MyTicker13」のファイル構成

このプログラムは、「MyTicker13 クラス」を利用する「タイマ割り込み」を利用して「マイコン・ボード」のLED を点滅します。

「MyTicker13 クラス」は「オブジェクト」を複数生成するのを禁止しています。

そのため、**24行目**の「//」を削除して「コンパイル」してできたプログラムを実行すると、**図6**に示す実行時のエラーが出ます。

図6 「MyTicker13」の「オブジェクト」を複数生成したときに発生する実行時のエラーの様子

3.3 「割り込み優先順位」の利用

「多重割り込み」を使う場合、「割り込み優先順位」を設定する必要があります。

しかし、「Mbed」の「オフィシャル・ライブラリ」では「割り込み優先順位」を設定する機能がサポートされていません。

そこで、この節では「割り込み優先順位」を設定する方法を説明し、次にこれを使った「多重割り込み」のプログラムの例を示します。

■ 3-3-1 「割り込み優先順位」の設定法

「割り込み優先順位」の設定では「CMSIS」で提供されている「ライブラリ」を使います。

「割り込み優先順位」を設定する関数の書式を以下に示します。

```
＜「割り込み優先順位」の設定＞
void NVIC_SetPriority(IRQn_Type IRQn, uint32_t priority)
     IRQn          割り込み番号
     priority      優先順位、小さいほど優先順位が高く、0の場合に最優先
```

ついでに、ある割り込み番号に対応する「割り込み優先順位」を取得する関数もあるので、これも以下に示します。

```
＜「割り込み優先順位」の取得＞
uint32_t NVIC_GetPriority(IRQn_Type IRQn)
     IRQn          割り込み番号
     戻り値        優先順位
```

■ 3-3-2 「割り込み優先順位」を利用する「多重割り込み」のプログラムの例

二種類の「割り込み」に対して「割り込み優先順位」を設定して「多重割り込み」を使うプログラムをリスト7に示します。

図7には、そのファイル構成を示します。

リスト7　IO_IntrPriority_MyTicker13¥main.cpp

```
 1: //------------------------------------------------------------
 2: //   割込み優先順位の設定を使うプログラム
 3: //       割込みソース：
 4: //           EXTI    D5，押しボタンスイッチに接続
 5: //           TIM13   内蔵タイマ
 6: //       マイコン・ボードの LED が点灯中でも押しボタンスイッチからの
 7: //       割込み入力をただちに受け付ける
 8: //
 9: // 2020/02/26, Copyright (c) 2020 MIKAMI, Naoki
10: //------------------------------------------------------------
11:
12: #include "SetOutputPortType.hpp"
13: #include "MyTicker13.hpp"
14: #include "PushButton.hpp"
15: using namespace Mikami;
```

```
16: #pragma diag_suppress 870     // マルチバイト文字使用の警告抑制のため
17:
18: DigitalOut led_(LED1, 0);     // マイコンボードの LED
19: BusOut rgbLed_(D2, D3, D4); // 赤, 緑, 青
20: uint8_t ledSw_ = 1;
21:
22: // InterruptIn に対する割込みサービス・ルーチン
23: void ExtiIsr()
24: {
25:     rgbLed_ = ~ledSw_++;
26:     printf("PushButton による割込みを受け付けました, rgbLed_: %d\r\n",
27:             (int)(~rgbLed_) & 0x07);
28: }
29:
30: // MyTicker13 に対する割込みサービス・ルーチン
31: void MyTicker13Isr()
32: {
33:     led_ = 1;   // LED 点灯
34:     wait(2);
35:     led_ = 0;   // LED 消灯
36: }
37:
38: int main()
39: {
40:     printf("\r\n\n割込み優先順位のテスト\r\n");
41:
42:     SetOpenDrain(D2);        // D2 をオープン・ドレインに設定
43:     rgbLed_ = 0x07;          // 全消灯
44:
45:     MyTicker13 timer;
46:     timer.Attach_ms(&MyTicker13Isr, 3000);   // 割込み間隔：3秒
47:
48:     // チャタリング防止機能付きの外部入力
49:     PushButton sw(D5, PullDown, PushButton::RISE, &ExtiIsr, 0.5);
50:
51:     // 割込み優先順位の設定
52:     NVIC_SetPriority(EXTI4_IRQn, 0);
53:     NVIC_SetPriority(TIM8_UP_TIM13_IRQn, 1);
54:
55:     while (true) {}
56: }
```

> 「EXTI4_IRQn」の「割込み優先順位」は, 「TIM13」の「割込み」である
> 「TIM8_UP_TIM13_IRQn」よりも高いので, ここを実行している最中に
> 「EXTI4_IRQn」が発生すると, 先に「ExtiIsr()」が実行される

> 「D5」の端子はマイコンの「PB4」ピンに接続
> されているので「EXTI4_IRQn」が使われる

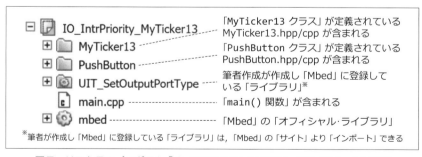

「MyTicker13 クラス」が定義されている
MyTicker13.hpp/cpp が含まれる

「PushButton クラス」が定義されている
PushButton.hpp/cpp が含まれる

筆者作成が作成し「Mbed」に登録して
いる「ライブラリ」※

「main() 関数」が含まれる

「Mbed」の「オフィシャル・ライブラリ」

※筆者が作成し「Mbed」に登録している「ライブラリ」は, 「Mbed」の「サイト」より「インポート」できる

図7　リスト7のプログラム「IO_IntrPriority_MyTicker13」のファイル構成

　このプログラムは、「MyTicker13 クラス」を使い、3 秒間隔で割り込みを発生させ、その
「割り込みサービス・ルーチン」では、「マイコン・ボード」上の LED を 2 秒間点灯し、その
後消灯します。

　これと並行して、「PushButton クラス」を使い、外付けの「押しボタンスイッチ」を押すたびに「割り込み」を発生させ、その「割り込みサービス・ルーチン」では、外付けの「RGBフルカラー LED」の「点灯／消灯」状態を 8 通りに変化させます。

　「MyTicker13 クラス」は、「TIM8_UP_TIM13_IRQn」に対応する「割り込み番号」を使い、「PushButton クラス」は、「EXTI4_IRQn」に対応する「割り込み番号」を使っています。

＊

　「割り込み優先順位」の設定は **52、53 行目**で行なっています。

　「PushButton クラス」で発生する「割り込み」の「優先順位」を「0」、「MyTicker13 クラス」で発生する「割り込み」の「優先順位」を「1」にしています。

　つまり、「PushButton クラス」で発生する「割り込み」の「優先順位」の方が高い設定になっています。

＊

　「MyTicker13 クラス」に対する「割り込みサービス・ルーチン MyTicker13Isr()」では、あえて実行時間を長くするため、**34 行目**のように「wait(2)」を入れ、2 秒間「ウェイト」するようにしています。

　しかし、このプログラムを実行させてみれば分かるように、「マイコン・ボード」上の「LED」が点灯中であっても、「押しボタンスイッチ」を押すたびにただちに、外付けの「RGB フルカラー LED」の発光状態が変わります。

　つまり「MyTicker13Isr()」が実行中であっても、より「優先順位」の高い「押しボタンスイッチ」の「割り込み」を受け付けていることが確認できます。

＊

　そこで、「EXTI4_IRQn」と「TIM8_UP_TIM13_IRQn」の「割り込み優先順位」の設定を逆にしてみます。

　そうすると、「マイコン・ボード」上の「LED」が点灯中に「押しボタンスイッチ」を押しても、すぐには外付けの「RGB フルカラー LED」の発光状態が変わりません。

　「マイコン・ボード」上の「LED」が消灯した瞬間に、「RGB フルカラー LED」の発光状態が変わるようになります。

3.4 「ソフトウェア割り込み」

　「割り込み」を使った高度なプログラムを作る際に、「ソフトウェア割り込み」を使いたいことも出てきます。

　しかし、これも「Mbed オフィシャル・ライブラリ」ではサポートされていない機能の一つです。

＊

　「ソフトウェア割り込み」を発生させるには、次に示す 2 つの方法があります。

---
① NVIC[31] の STIR（Software Trigger Interrupt Register）を使う方法
② EXTI の SWIER（SoftWare Interrupt Event Register）を使う方法

この節では、この 2 つの方法を、例を使って紹介します。

---
[31] NVIC : Nested Vectored Interrupt Controller

■ 3-4-1 NVIC の STIR (Software Trigger Interrupt Register) を使う方法法

「NVIC」は「Arm マイコン」の「Cortex-M」の「コア」に含まれています[32]。

そのため、この項での説明は、「Cortex-M」を「コア」に持つ「マイコン」であれば、どの「マイコン」でも適用できます。

図8に「NVIC」の「レジスタ STIR」の構成を示します。

この「レジスタ」は下位9ビットぶんが有効で、「INTID」という名前が付けられています。

この「INTID ビット」には、「Cortex-M4」としては 0 ～ 239 の範囲の値を設定できるようになっていますが、この最大値は「マイコン」によって異なっています。

本書で使っている「STM32F446」では、「INTID ビット」に設定できる値は、最大で 96 になっています。

※ なお、「レジスタ STIR」は「ライト・オンリー (write only)」です。

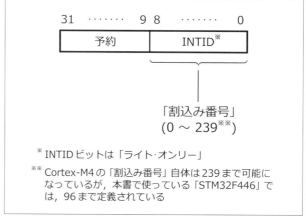

```
31  ‥‥‥  9 8  ‥‥‥  0

┌──────────┬──────────────┐
│   予約    │   INTID※      │
└──────────┴──────────────┘
```

「割込み番号」
(0 ～ 239※※)

※ INTID ビットは「ライト・オンリー」

※※ Cortex-M4 の「割込み番号」自体は 239 まで可能になっているが, 本書で使っている「STM32F446」では, 96 まで定義されている

図8　「NVIC」の
「レジスタ STIR」の構成

「レジスタ STIR」の「INTID ビット」に「割り込み番号」を書き込めば、この番号に対応する「ソフトウェア割り込み」が発生します。

「ソフトウェア割り込み」発生のプログラムを書く場合は、**3-2-1** で説明したように、シンボルを使って書くのが普通です。

たとえば、次のように書きます。

```
NVIC->STIR = CAN2_TX_IRQn;
```

この文が実行されると、「NVIC」は「CAN2」の「送信割り込み CAN2_TX_IRQn」が発生したものと認識して、それに基づいて「CPU」は所定の「割り込み」処理を行ないます。

ここで、「CAN2」を使っているのは、筆者は、「CAN」による「インターフェイス」は使うことはまずないと考えたからです。

---

[32] 「NVIC」については、本書で使っている「STM32F446」のマニュアルには出ていません。

　　たとえば、Arm 社の「Cortex-M4 Devices Generic User Guide, ARM DUI 0533B」などを参考にしてください。

● **注意点**

　「レジスタ STIR」を使った「ソフトウェア割り込み」を使う際に気を付けなければならない点は、「割り込みコントローラ」が「ソフトウェア割り込み」と「ハードウェア割り込み」とを区別できないということです。

　そのため、たとえば本来の「CAN2」に対応する「ペリフェラル」が発生する「送信割り込み」を使う場合には、「ソフトウェア割り込み」に「CAN2」の「送信割り込み」を使うのは避けるべきです。

● **「レジスタ STIR」を利用して「ソフトウェア割り込み」を発生するプログラム**

　リスト8に、「NVIC」の「レジスタ STIR」を利用して「ソフトウェア割り込み」を発生するプログラムの例を示します。

　このプログラムでは、「CAN2」の「送信割り込み CAN2_TX_IRQn」を「ソフトウェア割り込み」として使っています。

　プログラム全体は、「マイコン・ボード」に搭載されている緑色の「LED」の「点灯/消灯」を 0.1 秒ごとに切り替えるという処理を行ないます。

　この「ソフトウェア割り込み」を使うためには、事前に 2 つの設定を行なっておく必要があります。

　その 2 つと、**リスト8**でそれぞれに対応している箇所を次に示します。

①「割り込みベクタ」に「割り込みサービス・ルーチン」を設定	**20 行目**
② 対応する「割り込み」を有効にする	**21 行目**

　「ソフトウェア割り込み」の発生は **26 行目**で行なっています。

　26 行目の処理の代わりに、コメントアウトされている **27 行目**のように「関数 NVIC_SetPendingIRQ()」を使っても、同じように「ソフトウェア割り込み」を発生できます。

リスト8　IO_IntrSWI_NVIC¥main.cpp

```
 1: //-----------------------------------------------------------
 2: //   ソフトウェア割込みを使う2つの方法その1 － NVIC の STIR を使う
 3: //
 4: //   2020/02/26, Copyright (c) 2020 MIKAMI, Naoki
 5: //-----------------------------------------------------------
 6:
 7: #include "mbed.h"
 8: #pragma diag_suppress 870   // マルチバイト文字使用の警告抑制のため
 9:
10: DigitalOut dOut_(LED1, 0);←──「マイコン・ボード」上の緑色「LED」
11:
12: // ソフトウェア割込みの割込みサービス・ルーチン
13: void SwiIsr() { dOut_ = !dOut_; }   // 点灯/消灯の切り替え
14:
15: int main()
16: {
17:     printf("\r\nNVIC の STIR を使う場合\r\n");
18:
19:     // CAN2_TX によるソフトウェア割込みに対応する設定
20:     NVIC_SetVector(CAN2_TX_IRQn, (uint32_t)SwiIsr);
21:     NVIC_EnableIRQ(CAN2_TX_IRQn);
22:
23:     while (true)
```

事前にこの二つの設定が必要になる

「割込みサービス・ルーチン」

```
24:    {
25:        wait(0.1);
26:        NVIC->STIR = CAN2_TX_IRQn;  // ソフトウェア割込み発生
27: //     NVIC_SetPendingIRQ(CAN2_TX_IRQn); // これでもよい
28:    }
29: }
```

ここで「ソフトウェア割込み」を発生させている

このように書くこともできる

■ 3-4-2 EXTI の SWIER (SoftWare Interrupt Event Register) を使う方法

最初に「レジスタSWIER」について説明します。

この「レジスタ」は「EXTI (External interrupt/event controller)」を構成する「レジスタ」の一つです。

この「レジスタ」は下位23ビットが「ソフトウェア割り込み」に使えます。

マニュアルではこの23ビットに対応して、「EXTI line 0」〜「EXTI line 22」と表記しています。

「EXTI」の「IMR (割り込みマスク・レジスタ)」で「1」にセットされた「line」に対応する「レジスタSWIER」の「ビット」を「1」にセットすると、「ソフトウェア割り込み」が発生します。

たとえば、「EXTI line 3」を使って「ソフトウェア割り込み」を発生させる場合は、次のように書きます。

```
EXTI->SWIER |= EXTI_SWIER_SWIER3;
```

「レジスタSWIER」の対応する「ビット」は自動的にはクリアされないので、「ソフトウェア割り込み」に対応する「割り込みサービス・ルーチン」の中で、クリアする必要があります。

そのためには、「ペンディング・レジスタPR」の対応する「ビット」を「1」にセットすることにより、「ソフトウェア割り込み」によってセットされた「レジスタSWIER」の「ビット」をクリアします。

●「レジスタSWIER」を利用して「ソフトウェア割り込み」を発生するプログラム

リスト9に、「EXTI」の「レジスタSWIER」を利用して「ソフトウェア割り込み」を発生するプログラムの例を示します。

このプログラムでは、「EXTI3」を「ソフトウェア割り込み」として使っています。

プログラム全体は、「マイコン・ボード」に搭載されている緑色の「LED」の「点灯/消灯」を1秒ごとに切り替えるという処理を行ないます。

この「ソフトウェア割り込み」を使うためには、事前に3つの設定を行なっておく必要があります。

その3つと、リスト9でそれぞれに対応している箇所を次に示します。

① 対応する「割り込みマスク・レジスタ」の設定	24行目
②「割り込みベクタ」に「割り込みサービス・ルーチン」を設定	25行目
③ 対応する「割り込み」を有効にする	26行目

「ソフトウェア割り込み」の発生は **31 行目**で行なっています。

リスト9　「EXTI」の「レジスタ SWIER」を利用する「ソフトウェア割り込み」の使用例
(IO_IntrSWI_EXTI¥main.cpp)

```
 1: //------------------------------------------------------------
 2: //　ソフトウェア割込みを使う２つの方法その２ － EXTI の SWIER を使う
 3: //
 4: //　2020/01/26, Copyright (c) 2020 MIKAMI, Naoki
 5: //------------------------------------------------------------
 6:
 7: #include "mbed.h"
 8: #pragma diag_suppress 870     // マルチバイト文字使用の警告抑制のため
 9:
10: DigitalOut dOut_(LED1, 0);◄-------  「マイコン・ボード」上の緑色「LED」
11:
12: // ソフトウェア割込みの割込みサービス・ルーチン
13: void SwiIsr()
14: {
15:     EXTI->PR |= EXTI_PR_PR3;      // ペンディング・レジスタの対応ビットをクリア
16:     dOut_ = !dOut_;               // 点灯/消灯の切り替え
17: }
                                「SWIER」の対応する「ビット」は自動的にクリアさ
18:                             れないので，このようにしてクリアする必要がある
19: int main()
20: {
21:     printf("\r\nEXTI の SWIER を使う場合\r\n");
22:
23:     // EXTI3 によるソフトウェア割込みに対応する設定
24:     EXTI->IMR |= EXTI_IMR_IM3;   // 割込みマスク・レジスタ設定
25:     NVIC_SetVector(EXTI3_IRQn, (uint32_t)SwiIsr);       事前にこの三つの
26:     NVIC_EnableIRQ(EXTI3_IRQn);                         設定が必要になる
27:
28:     while (true)                         「割込みサービス・ルーチン」
29:     {
30:         wait(1);
31:         EXTI->SWIER |= EXTI_SWIER_SWIER3;  // ソフトウェア割込み発生
32:     }
33: }                              ここで「ソフトウェア割込み」を発生させている
```

■ 3-4-3 ソフトウェア割り込みの使用例

リスト **10** に、「NVIC」の「レジスタ STIR」を利用する「ソフトウェア割り込み」の使用例を示します。

図**9**には、そのファイル構成を示します。

リスト 10　「NVIC」の「レジスタ STIR」を利用する「ソフトウェア割り込み」の使用例
(IO_IntrPrioritySWI_NVIC¥main.cpp)

```
 1: //------------------------------------------------------------
 2: //  SWI と割込み優先順位, SWI は NVIC の STIR 使用
 3: //      使用 LED：マイコンボード上
 4: //      押しボタンスイッチ: D5 に接続
 5: //      マイコン・ボードの LED が点灯中でも押しボタンスイッチからの
 6: //      割込み入力をただちに受け付ける
 7: //
 8: //  2020/02/26, Copyright (c) 2020 MIKAMI, Naoki
 9: //------------------------------------------------------------
```

```
10:
11: #include "PushButton.hpp"
12: #include "SetOutputPortType.hpp"
13: using namespace Mikami;
14: #pragma diag_suppress 870    // マルチバイト文字使用の警告抑制のため
15:
16: DigitalOut led_(LED1);        // マイコンボードの LED
17: BusOut bOut_(D2, D3, D4);    // D2: 赤, D3: 緑, D4: 青
18:
19: // PushButton に対応する割込みサービス・ルーチン
20: void PbIsr()
21: {
22:     bOut_ = bOut_ + 1;
23: }
24:
25: // ソフトウェア割込みに対する割込みサービス・ルーチン
26: void SwiIsr()
27: {
28:     wait(2);
29:     led_ = 0;   // LED 消灯
30: }
31:
32: // Ticker に対する割込みサービス・ルーチン
33: void TickerIsr()
34: {
35:     led_ = 1;   // LED 点灯
36:     NVIC->STIR = CAN2_TX_IRQn;   // ソフトウェア割込み発生
37: //    SwiIsr();  // これを使うと, ソフトウェア割込みが発生しないので, ボード上の LED が
38:                  //  点灯中は, 押しボタンスイッチによる割込みは受け付けない
39: }
40:
41: int main()
42: {
43:     printf("\r\n\nソフトウェア割込み, NVIC の STIR 使用\r\n");
44:     printf("マイコン・ボードの LED はプログラム開始 3 秒後から点滅を始めます\r\n");
45:
46:     // チャタリング防止機能付きの外部入力
47:     PushButton sw(D5, PullDown, PushButton::RISE, &PbIsr, 0.5);
48:
49:     SetOpenDrain(D2);    // D2 をオープン・ドレインに設定
50:     bOut_ = 0;           // 最初は全点灯
51:
52:     Ticker timer;
53:     timer.attach(&TickerIsr, 3);
54:
55:     // CAN2_TX によるソフトウェア割込みに対応する設定
56:     NVIC_SetVector(CAN2_TX_IRQn, (uint32_t)SwiIsr);
57:     NVIC_EnableIRQ(CAN2_TX_IRQn);
58:
59:     // 割込み優先順位の設定
60:     NVIC_SetPriority(EXTI4_IRQn,   0);
61:     NVIC_SetPriority(CAN2_TX_IRQn, 1);
62:
63:     while (true) {}
64: }
```

注釈:
- 20行目: 「EXTI4_IRQn」に対する「割込みサービス・ルーチン」
- 26行目: 「CAN2_TX_IRQn」に対する「割込みサービス・ルーチン」
- 27～30行目: 「EXTI4_IRQn」の「割込み優先順位」は「CAN2_TX_IRQn」よりも高いので, この部分を実行している最中に「EXTI4_IRQn」の「割込み」が発生すると, 先に「Isr()」が実行される
- 33行目: 「TIM5_IRQn」に対する「割込みサービス・ルーチン」
- 37～38行目: これを使っても「SwiIsr()」の処理は実行されるが, その場合は「割込み有線順位」のもっとも高い「TIM5_IRQn」の「割込みサービス・ルーチン」である「TickerIsr()」の処理の一部になる. そのため, 「マイコン・ボード」の「LED」が点灯中は「押しボタン・スイッチ」による「割込み は受け付けない
- 47行目: 「D5」の端子はマイコンの「PB4」ピンに接続されているので「EXTI4_IRQn」が使われる
- 60～61行目: 「Ticker」では「割込み」として「TIM5_IRQn」が使われているが, ここではこの「割込み優先順位」を設定していない. その場合, 「割込み優先順位」は「0」つまり最優先になっている

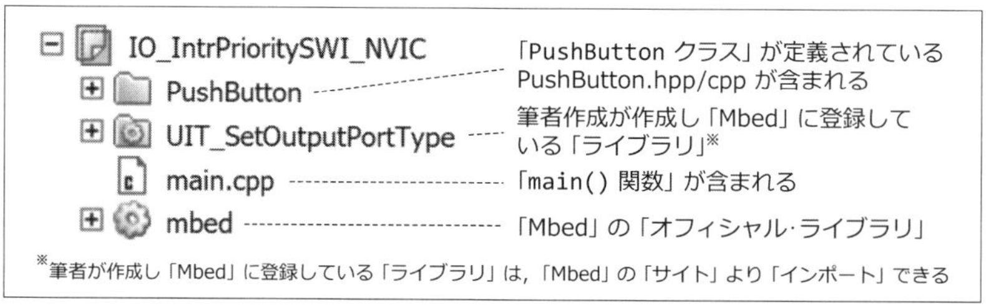

図のファイル構成:

- IO_IntrPrioritySWI_NVIC
  - PushButton ……「PushButton クラス」が定義されている PushButton.hpp/cpp が含まれる
  - UIT_SetOutputPortType ……筆者作成が作成し「Mbed」に登録している「ライブラリ」※
  - main.cpp ……「main() 関数」が含まれる
  - mbed ……「Mbed」の「オフィシャル・ライブラリ」

※筆者が作成し「Mbed」に登録している「ライブラリ」は, 「Mbed」の「サイト」より「インポート」できる

図9 リスト10のプログラム「IO_IntrPrioritySWI_NVIC」のファイル構成

このプログラムは、**リスト4**のプログラムに、「マイコン・ボード」上の LED を、「Ticker クラス」の「割り込み」を使い、周期的に点滅する機能を追加しています。

「マイコン・ボード」上の「LED」の点滅のパターンは、次の2つを繰り返すようにしています。

① 2秒間点灯
② 1秒間消灯

このプログラムでは、以下の3つの割り込みを使っています

TIM5_IRQn	「Ticker クラス」で使用
EXTI4_IRQn	「PushButton クラス」で使用 [33]
CAN2_TX_IRQn	「ソフトウェア割り込み」で使用

各「割り込み優先順位」は以下のように設定しています。

EXTI4_IRQn	優先順位：0、つまり最優先
CAN2_TX_IRQn	優先順位：1

＊

なお、「Ticker クラス」で使っている「TIM5」の「割り込み優先順位」も設定できますが、このプログラムでは設定していません。
　その場合の「割り込み優先順位」は「最優先」になります。
　「Mbed」では、「TIM5」に限らず、他の「割り込み」も「割り込み優先順位」を設定しない限り、「最優先」になります。

　「Ticker クラス」を利用して、「割り込み優先順位」を設定するプログラムを作る場合は注意が必要なので、脚注 [34] で説明しておきます。

　このプログラムでは、「CAN2_TX_IRQn」を使った「ソフトウェア割り込み」に対応する「割り込みサービス・ルーチン SwiIsr()」の実行時でも、「押しボタンスイッチ」で「EXTI4_IRQn」を使って発生する「割り込み」をただちに受け付けるようになっています。

　このように動作するのは、「EXTI4_IRQn」の「割り込み優先順位」を、「CAN2_TX_IRQn」の「割り込み優先順位」よりも高く設定しているからです。

---

[33] 「PushButton クラス」で使っている「割込み」は、マイコンのどの端子を使っているかで決まります。
　このプログラムでは、「押しボタンスイッチ」が「マイコン・ボード」の「D5」に接続されているものとしています。
　「D5」は「マイコン」の端子の「PB4」に接続されています。
　この番号が「4」なので、対応する割り込みは「EXTI4」になります。

[34] 「Ticker クラス」は「Mbed オフィシャル・ライブラリ」で提供されている「クラス」で、この「オブジェクト」は、複数生成できるように作られています。
　その関係で、「Ticker クラス」を利用する「割込みサービス・ルーチン」の実行中は、「Ticker クラス」で使っている「TIM5」よりも高い「割込み優先順位」の「割込み」が発生しても、それは受付けないような作りになっているようです。

＊

　なお、**36 行目**の「ソフトウェア割り込み」のところをコメントアウトし、**37 行目**の「// 」を削除し、この行を有効にして「コンパイル」し、実行しても、「マイコン・ボード」上の「LED」の点滅のパターンは変わりません。

　しかし、「LED」が点灯中は「押しボタンスイッチ」の「割り込み」は受け付けず、「LED」が消灯した時点で、「割り込み」が受け付けられることを確認できます。

　これはなぜかというと、**36 行目**を無効にして、**37 行目**を有効にするということは、「SwiIsr()」を「ソフトウェア割り込み」に対応する「割り込みサービス・ルーチン」として扱っているのではなく、単なる「関数呼び出し」で使っていることになります。

　そうすると、「SwiIsr()」の処理は「Ticker クラス」の「割り込みサービス・ルーチン」である「TickerIsr()」の処理の一部分になるため、「TickerIsr()」の処理が終わらなければ、「押しボタンスイッチ」の「割り込み」は受け付けられません。

　この様子を**図 10**に示します。

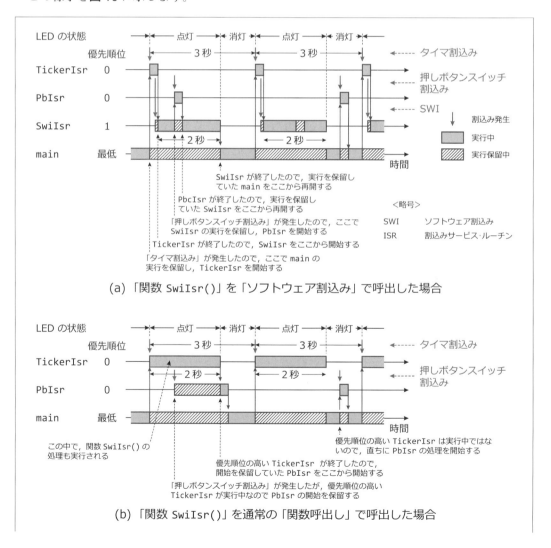

(a) 「関数 SwiIsr()」を「ソフトウェア割込み」で呼出した場合

(b) 「関数 SwiIsr()」を通常の「関数呼出し」で呼出した場合

```
※ TickerIsr  3秒ごとに発生する「TIM5」の「タイマ割込み」に対応するISR.
             LEDを点灯し, SWIを発生する, または関数 SwiIsr() を呼び出す.
   PbIsr     「押しボタン・スイッチ」を押したときに発生するISR.
             LEDの発光状態を変更する.
   SwiIsr    TickerIsrの中で発生するSWIに対応するISR. 通常の関数呼出しでも実行される.
             2秒間待った後LEDを消灯する.
   main      無限ループ.
```

図10 「関数 SwiIsr()」を「ソフトウェア割り込み」で呼び出した場合と、
通常の「関数呼び出し」として呼び出した場合の違いと「割り込み優先順位」の関係

コラム　暗黙に生成される「コピー・コンストラクタ」、「代入演算子」を禁止する方法

「クラス」を自作する場合に、気を付けなければならない点があります。

それは、特に作らなくても、いくつかの暗黙の「メンバ関数」が自動的に作られてしまうという点です。

その中で、「コンストラクタ」の一種である「コピー・コンストラクタ」と「代入演算子関数」には気を付ける必要があります。

それは、自動的に生成される「コピー・コンストラクタ」や「代入演算子関数」では、不都合が生じる場合もあるからです。

＊

そのような場合は、「クラス」を作る際には、「コピー・コンストラクタ」や「代入演算子関数」を明示的に作らなければなりません。

明示的に作っておけば、暗黙の「コピー・コンストラクタ」や「代入演算子関数」は作られません。

しかし、本書で扱っているような、「ハードウェア」と密接な関係のある「クラス」の場合は、「コピー・コンストラクタ」や「代入演算子関数」を使う場面はあまりないと思います。

逆に、それらを使うと、不都合が起きる可能性がないとは言えません。

仮に、それらを使うようなプログラムを書いたとすると、それは間違いの可能性が高いことが想定されます。

＊

そこで、本書で作る「クラス」の中で、「ハードウェア」と密接な関係のある「クラス」の場合は、基本的に、「コピー・コンストラクタ」や「代入演算子関数」を使うプログラムを書いた場合には、その箇所で「コンパイル・エラー」が出るようにしています。

「コンパイル・エラー」が出る仕組みについて、**リストA**を使って説明します。

リストA　IO_ImplicitInhibit¥main.cpp

```
 1: //-------------------------------------------------------
 2: //  暗黙に生成されるコピー・コンストラクタ, 代入演算子の使用禁止
 3: //
 4: //  2020/02/18, Copyright (c) 2020 MIKAMI, Naoki
 5: //-------------------------------------------------------
 6:
 7: #include "mbed.h"
 8: #pragma diag_suppress 870    // マルチバイト文字使用の警告抑制のため
 9:
10: class MyClass
11: {
12: public:
13:     MyClass(int x) : x_(x) { printf("コンストラクタが呼び出されました\r\n"); }
14:     void Print(char s[]) { printf("%s: %d\r\n", s, x_); }
15:
16: private:
17:     int x_;
18:
19:     // 以下の宣言でコメントの記号を削除すると, 対応するメンバ関数は禁止さる
20: //    MyClass(const MyClass&);              // コピー・コンストラクタ禁止のため
21: //    MyClass& operator=(const MyClass&);   // 代入演算子禁止のため
22: };
23:
24: int main()
25: {
26:     printf("\r\n暗黙に生成されるコピー・コンストラクタ, 代入演算子の生成禁止のテスト\r\n\n");
27:
28:     MyClass obj1(10);       // 通常のコンストラクタ呼び出し
29:     obj1.Print("obj1");
30:
31:     MyClass obj2(obj1);     // コピー・コンストラクタ呼び出し
32:     obj2.Print("obj2");
33:
34:     MyClass obj3(30);       // 通常のコンストラクタ呼び出し
35:     obj3.Print("obj3");
36:     obj3 = obj1;            // 代入演算子関数呼び出し
37:     obj3.Print("obj3");
38:
39:     while (true) {}
40: }
```

> ここの「コメント」の記号を削除した場合, 「コピー・コンストラクタ」または「代入演算子」を使うプログラムを書けば「コンパイル・エラー」になる

> 20行目を有効にすると, ここで「コンパイル・エラー」になる

> 21行目を有効にすると, ここで「コンパイル・エラー」になる

　ところで、**リストA**そのままでは、「コピー・コンストラクタ」や「代入演算子関数」を使っていますが、そのままでは「コンパイル・エラー」は出ません。

　「コピー・コンストラクタ」は**31行目**で、「代入演算子関数」は**36行目**で使っていますが、どのような場合にこれらが使われるのかが分かると思います[35]。

　この**リストA**の「MyClass」は、暗黙に生成される、「コピー・コンストラクタ」や「代入演算子関数」を使っても問題はありませんが、このクラスで、「コピー・コンストラクタ」や「代入演算子関数」の使用を禁止する方法を説明します。

*

---

[35] 実際には、「ソース・コード」の上に、明示されていなくても、「コピー・コンストラクタ」や「代入演算子関数」が使われるケースもあります。

　それは簡単で、たとえば「コピー・コンストラクタ」を使用禁止にするためには、**20行目**の行頭にある「**//**」を削除するだけです。
　こうすると、「コピー・コンストラクタ」を使うような「ソース・コード」の箇所が「コンパイル・エラー」になります。

　それはなぜかというと、「コピー・コンストラクタ」は「**private**」の「メンバ関数」、つまり「クラス」外からは使えないようになっているからです。
　このときの「エラー・メッセージ」が出ている様子を**図A**に示します。

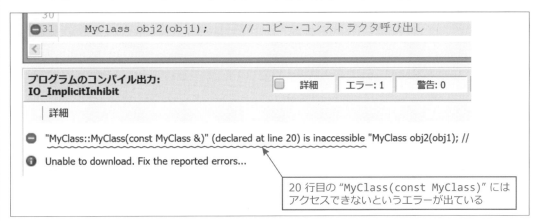

図A　リストAのプログラムで、20行目行頭の「//」を削除した場合に発生する
「コンパイル・エラー」の様子

　同様に、「代入演算子関数」を使用禁止にするためには、**21行目**の行頭にある「**//**」を削除するだけです。

　本書で出てくる「クラス」は、基本的には、「コピー・コンストラクタ」や「代入演算子関数」を使うプログラムを書いた場合に、「コンパイル・エラー」が出るように、**リストA**の**20、21行目**のような記述を使っています。

＊

　なぜ、わざわざこのようなことをするのか疑問をもつ方がいるかもしれません。
　その理由は、プログラムのエラーは「コンパイル」時に出たほうが、対処がしやすいからです。
　「コンパイル」が通って実際に動いているときに「実行時のエラー」が出た場合、その対処が非常にやっかいなケースもあるので、それは避けたいからです。

第4章 「タイマ」を使う

本書で使っている「マイコン」「STM32F446RE」は多くの「タイマ」を内蔵しています。
しかし、「Mbed」の「オフィシャル・ライブラリ」で使っているのは「TIM1」～「TIM5」までで、それ以外の「タイマ」は遊んでいます。

そこで、遊んでいる「タイマ」を有効に活用してみましょう。
この章では、次の二種類の「クラス」を作ります。
① 「割り込み」を使わない方法
② 「割り込み」を使う方法

*

「割り込み」を使わない方法は、「Mbed」の「オフィシャル・ライブラリ」で提供されている「wait()」などと同じような使い方をする場合に使います。

「割り込み」を使う方法は、すでに、前の章で作った、「TIM13」を使って、「Mbed」の「オフィシャル・ライブラリ」として提供されている「Ticker クラス」と同じような働きの「MyTicker13 クラス」で行なっている方法です。
この章では、「TIM14」を使い、「MyTicker13 クラス」に機能を追加した「MyTicker14 クラス」を作ります。
この「クラス」は、プログラムの実行中に「タイマ割り込み」の「周期」を変えることができるように機能を追加します[36]。

さらにこの「MyTicker14 クラス」を利用して「ステッピング・モータ」を動かすプログラムを作ります。

4.1 「割り込み」を使わずに「タイマ」を使う方法

「Mbed」の「オフィシャル・ライブラリ」では、処理を一定の時間待たせるための「wait()」「wait_ms()」「wait_us()」が提供されています。

しかし、何らかの処理を「μs」程度の非常に短い時間間隔で実行したい場合、「wait_us()」では不十分です。
そこで、この項では0.1μsまでの非常に短い時間間隔の繰り返しまで使える「クラス」を作ります。

---

[36] もちろん「Ticker クラス」でも「タイマ割込み」の「周期」を変えられます。
　しかし、「Ticker クラス」の場合は、「周期」を変える場合に「メンバ関数」の attach()、attach_us() を使うことになります。
　これらの「関数」は「周期」以外に、「割込みサービス・ルーチン」の「開始アドレス」も同時に設定されるため、オーバーヘッドが大きくなります。
　それ以外に「カウンタ」の「カウンタ・レジスタ CNT」の値も「リセット」していると思われます。
　そのため、アプリケーションによっては不都合が生じてしまう場合も出てきます。

*

その前に、「wait_us()」で、どの程度まで短い間隔で実行できるかということを示すため、「正弦波」を「DA変換器」から出力するプログラムとその実行結果を示します。

その後に、非常に短い時間間隔まで使える「クラス」を作り、その実行結果を示します。

■ 4-1-1 「wait_us()」を使って「DA変換器」から「正弦波」を出力する

「配列」にあらかじめ「cos」の値を格納しておき、それを順次読み出して、「DA変換器」へ送り、「正弦波」を発生するというプログラムを作ります。

その際に、「DA変換器」へデータを送る時間間隔を「Mbed」の「オフィシャル・ライブラリ」で提供される「wait_us()」で決めるというプログラムをリスト1に示します。

リスト1　IO_DAC_wait_us¥main.cpp

```
 1: //-----------------------------------------------------------
 2: //   DAC からできるだけ短い間隔で出力する
 3: //       cos の値は, あらかじめ計算し, 配列に入れておく
 4: //
 5: // 2020/02/22, Copyright (c) 2020 MIKAMI, Naoki
 6: //-----------------------------------------------------------
 7:
 8: #include "F446_Dac.hpp"  ←——  第5章で作る「DA変換器」用「クラス」の「ヘッダ・ファイル」
 9: using namespace Mikami;
10: #pragma diag_suppress 870     // マルチバイト文字使用の警告抑制のため
11:
12: int main()
13: {
14:     DacF446 dac;            // 出力端子：A2
15:
16:     const float PI2 = 6.283185;
17:     const int N_DIV = 10;          // 1 周期の分割数
18:     const float D_PHI = PI2/N_DIV; // 1 周期を 10 分割した角度 (rad) に相当する値
19:
20:     float cosTbl[N_DIV];                    「cos」の値をあらかじめ計算して,
21:     for (int n=0; n<N_DIV; n++)             「配列 cosTbl」に格納しておく
22:         cosTbl[n] = 0.4f*cosf(D_PHI*n); // 振幅が大きいと DAC の出力はクリップされる
23:
24:     printf("\r\n配列の正弦波をできるだけ短い間隔で DAC に出力する\r\n"
25:            "wait_us() を利用\r\n");
26:
27:     int count = 0;
28:     while (true)
29:     {
30:         wait_us(1); // 1 μs のウェイト
31:         dac.Write(cosTbl[count++]);  ←——  「DA変換器」に出力
32:         if (count >= N_DIV) count = 0;
33:     }
34: }
```

リスト1のファイル構成を図1に示します。

```
□ 📄 IO_DAC_wait_us
    ⬚ F446_Dac.cpp ⎤
    ⬚ F446_Dac.hpp ⎦ ----- 第5章で作る「DA変換器」用の「クラ
                           ス」が含まれる
    ⬚ main.cpp -------------- 「main()関数」が含まれる
⊞ ⚙ mbed ------------------- 「Mbed」の「オフィシャル・ライブラリ」
```

図1　リスト1のプログラム「IO_DAC_wait_us」のファイル構成

　このプログラムでは、「DA変換器」用の「DacF446 クラス」を使っていますが、これは**第5章**で作るので、そこで説明します。

　16 ～ 22 行目は、「cos」の「1周期」分の値を計算し、それを「配列」に格納する処理です。ここでは、「1周期」を 10 分割して、「cos」の値を計算しています。

　「DA変換器」に出力する部分は、**30 ～ 32 行目**の処理です。
　30 行目の「wait_us()」では 1 [μs] の間「ウェイト」するようにしています。

　このプログラムを実行した際に、「DA変換器」に出力される「波形」の様子を、**図2**に示します。

　この**図2**には「波形」の「1周期」に対応する箇所に「カーソル」を表示していますが、その間隔を計ると、28.7 [μs] になります。

　つまり、「DA変換器」からは 2.87 [μs] の時間間隔で出力されており、1 [μs] よりはかなり長い時間間隔になっています。

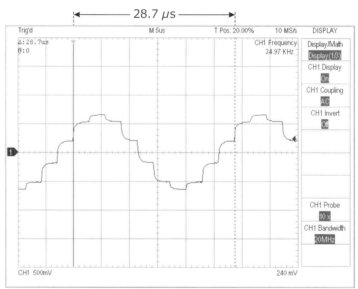

図2　「IO_DAC_wait_us」のプログラムを実行中の「Da変換器」の出力の様子（500mV/div, 5μs/div）

　「DA変換器」に出力する処理で、「wait_us()」以外の部分の処理は、それほど時間がかかりません。
　そのため、この結果から、「wait_us()」は 1 [μs] の「ウェイト」で使う場合、あまり正確にはできないことが分かります。

■ 4-1-2 「TIM10」を使い正確な時間間隔で処理を行なうための「クラス」の作成

4-1-1で見たように、「Mbed」の「オフィシャル・ライブラリ」で処理を一定の時間待たせるための「wait_us()」は、1[μs]程度の非常に短い時間間隔の繰り返し処理を行なう場合、その間隔が正確ではないので、これをもっと正確にするための「クラス」を作ります。

そのための「Synchronizerクラス」をリスト2に示します。

リスト2　IO_DAC_TIM10¥Synchronizer.hpp

```
 1: //------------------------------------------------------------
 2: // タイマを使った正確な同期の実現, TIM10 を使用
 3: //
 4: //  2020/03/27, Copyright (c) 2020 MIKAMI, Naoki
 5: //------------------------------------------------------------
 6:
 7: #include "mbed.h"
 8:
 9: #ifndef SYNCHRONIZER_HPP
10: #define SYNCHRONIZER_HPP
11:
12: class Synchronizer
13: {
14: public:
15:     // コンストラクタ
16:     //      period   時間間隔 [μs]
17:     explicit Synchronizer(float period) : MY_TIM_(TIM10)       ← この「クラス」で使う「タイマ」
18:     {
19:         __HAL_RCC_TIM10_CLK_ENABLE();    // クロック供給. "stm32f4xx_hal_rcc.h" 参照
20:
21:         uint32_t arr = (uint32_t)((period*SystemCoreClock/1000000.0f) + 0.5f);
22:         MY_TIM_->ARR = arr - 1;          // Auto-reload レジスタの設定
23:         MY_TIM_->PSC = 0;                // Prescaler の設定
24:         MY_TIM_->CR1 = TIM_CR1_CEN;      // TIM10 を有効にする
25:     }
26:
27:     // コンストラクタで設定した時間が経過するまで待つ
28:     void Synchronize()
29:     {
30:         // タイマの Update イベントが発生するまで待つ
31:         while ((MY_TIM_->SR & TIM_SR_UIF_Msk) != TIM_SR_UIF) {}
32:         // Update interrupt flag をクリア
33:         MY_TIM_->SR &= ~TIM_SR_UIF;
34:     }
35:
36: private:
37:     TIM_TypeDef* const MY_TIM_;
38: };
39: #endif  // SYNCHRONIZER_HPP
```

この「Synchronizerクラス」では、「タイマ」として、「TIM10」を使います。

「マイコン」内蔵の「タイマ」を使って、周期的に「タイマ割り込み」を発生させる方法は、すでに第3章の3-2-2で説明しています。

この「Synchronizerクラス」は「割り込み」は使わずに、「カウンタ・レジスタCNT」を

「カウント・アップ」していき、その値が「自動再ロード・レジスタ ARR」の値と等しくなった際に発生される「Update イベント」を使います。

● 「コンストラクタ」

「コンストラクタ」は、「引数」の「period」で指定される「μs」単位の値で、「TIM10」が「Update イベント」を発生するように、「自動再ロード・レジスタ ARR」と「プリスケーラ・レジスタ PSC」の値を設定します。

19 行目は、この「クラス」で使う「TIM10」に「クロック」を供給するための処理です。

22、23 行目の「自動再ロード・レジスタ ARR」と「プリスケーラ・レジスタ PSC」の値を設定が終わったら、最後に「コントロール・レジスタ CR1」を設定し「TIM10」を有効にします。

● 「メンバ関数 Synchronize( )」

この「メンバ関数」は、31 行目で、「タイマ」の「Update イベント」が発生するまで待ちます。「Update イベント」が発生したことは、「TIM10」の「ステータス・レジスタ SR」の「UIF ビット」が、31 行目で使っているシンボル「TI_SR_UIF」と等しくなっていることで確認できます。

この「イベント」の発生が確認できたら、33 行目で「Update 割り込みフラグ」を「クリア」してこの「メンバ関数」を終了します。

この「メンバ関数」は、「wait_us()」などとは違い、前回のこの関数の呼び出しから、「コンストラクタ」が設定した時間が経過したことを確認した後に、この「関数」は終了します。

■ 4-1-3 「インターバル・タイマ」の「クラス」使って「DA 変換器」から「正弦波」を出力する

「Synchronizer クラス」を使うと、**リスト 1** の様なプログラムで処理を行なう際に、その時間間隔を正確に設定できます。

そのプログラムを**リスト 3**に示します。

リスト3　IO_DAC_TIM10¥main.cpp

```
 1: //-----------------------------------------------------------
 2: //   DAC から 1 μs 以下の間隔で出力する
 3: //       cos の値は, あらかじめ計算し, 配列に入れておく
 4: //
 5: // 2020/02/22, Copyright (c) 2020 MIKAMI, Naoki
 6: //-----------------------------------------------------------
 7:
 8: #include "F446_Dac.hpp"
 9: #include "Synchronizer.hpp"
10: using namespace Mikami;
11: #pragma diag_suppress 870    // マルチバイト文字使用の警告抑制のため
```

```
12:
13: int main()
14: {
15:     Synchronizer tim(0.5);   // 出力間隔：0.5 μs
16:     DacF446 dac;             // 出力端子：A2

         （この部分はリスト1の16～22行目と同じなので省略）

26:     printf("\r\n配列の正弦波を標本化間隔 0.5 μs で DAC に出力する\r\n"
27:            "タイマ(TIM10)を利用\r\n");
28:
29:     int count = 0;
30:     while (true)            前回の tim.Syschronize() の実行
31:     {                       から 0.5 μs が経過するまで待つ
32:         tim.Synchronize();
33:         dac.Write(cosTbl[count++]);
34:         if (count >= N_DIV) count = 0;
35:     }
36: }
```

リスト3のファイル構成を図3に示します。

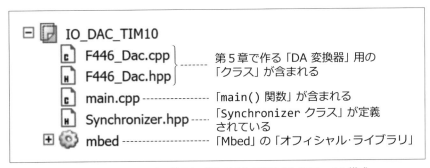

- IO_DAC_TIM10
  - F446_Dac.cpp ┐
  - F446_Dac.hpp ┘ .... 第5章で作る「DA 変換器」用の「クラス」が含まれる
  - main.cpp ----------------「main( ) 関数」が含まれる
  - Synchronizer.hpp ----- 「Synchronizer クラス」が定義されている
  - mbed -------------------- 「Mbed」の「オフィシャル・ライブラリ」

図3　リスト3のプログラム「IO_DAC_TIM10」のファイル構成

　このプログラムは、**リスト1**で使っている「wait_us()」の代わりに、「Synchronizer クラス」の「メンバ関数 Synchronize()」を使っていることと、「Synchronizer クラス」を使うために必要な「インクルード・ファイル」の設定や「オブジェクト」の宣言を除くと、**リスト1**とほぼ同じプログラムです。

　「メンバ関数 Synchronize()」は単なる「ウェイト」ではありません。
　リスト3の説明にもあるように、前回「メンバ関数 Synchronize()」が呼ばれたときを時間の基準として、そこから「コンストラクタ」で指定された時間が経過するまで待つ働きがあります。
　そのため、「周期的」に繰り返しながら行なう処理を正確な時間間隔で行なうことが可能になります。

　このプログラムを実行した際に、「DA 変換器」に出力される「波形」の様子を**図4**に示します。

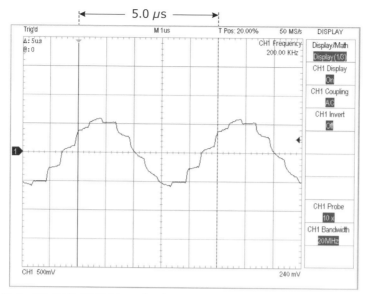

図4 「IO_DAC_TIM10」のプログラムを実行中の「Da変換器」の出力の様子
(500mV/div, 1μs/div)

　この**図4**には「波形」の「1周期」に対応する箇所に「カーソル」を表示していますが、その間隔を計ると、5.0 [μs] になります。

　つまり、「DA変換器」からは正確に0.5 [μs] の時間間隔で出力されていることが分かります。

4.2 「タイマ」が作動中に「タイマ割り込み」の「周期」を変更する方法

　「マイコン」内蔵の「タイマ」を使って、周期的に「タイマ割り込み」を発生させる方法は、すでに**第3章の3-2-2**で説明しています。

　しかし、「タイマ」が作動している間に「周期」を変える場合には、注意を要する点があります。

　第3章の図4には周期的に「タイマ割り込み」を発生させる方法を説明するための図を示しています。

　しかし、「タイマ」が作動している間に「周期」を変更する場合は、もう少し詳しい図のほうがいいので、**図5**にその図を示します[37]。

---

[37] 「STM32F446」の「リファレンス・マニュアル」の説明とは多少違いますが、結果的には同じと考えて構いません。

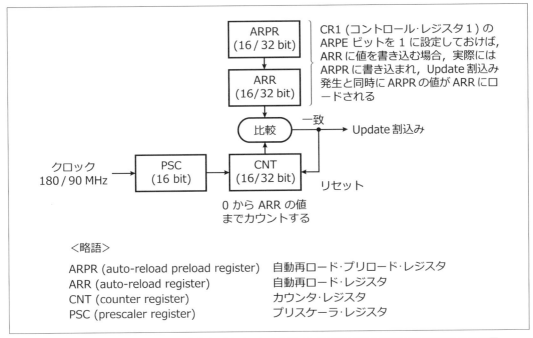

CR1 (コントロール・レジスタ1) の
ARPE ビットを1に設定しておけば、
ARR に値を書き込む場合、実際には
ARPR に書き込まれ、Update 割込み
発生と同時に ARPR の値が ARR にロ
ードされる

ARPR
(16 / 32 bit)

ARR
(16 / 32 bit)

比較 ——一致——→ Update 割込み

クロック
180 / 90 MHz

PSC
(16 bit)

CNT
(16 / 32 bit)

リセット

0 から ARR の値
までカウントする

＜略語＞

ARPR (auto-reload preload register) 自動再ロード・プリロード・レジスタ
ARR (auto-reload register) 自動再ロード・レジスタ
CNT (counter register) カウンタ・レジスタ
PSC (prescaler register) プリスケーラ・レジスタ

図5 「タイマ」の「割り込み周期」を「タイマ」の作動中に変更する場合について説明するための図
(説明のための図なので、実際の構成とは多少異なっているところがある)

「割り込み周期」を変更する場合に、「自動再ロード・レジスタ ARR」の値を任意の時刻に
変更するとおかしな動作になることがあります。

たとえば、「現在の『CNT』の値」よりも小さい値を「自動再ロード・レジスタ ARR」設定
すると、「カウンタ・レジスタ CNT」はその「CNT」で表せる最大の値までカウント・アップ
するので、その影響でおかしなことが起こる可能性が出てきます。

ただしその後は、(「CNT」の値) ＝ (「ARR」の値) になるたびに「割り込み」を発生するので、
問題はありません。

＊

このようなことを避けるため、「STM32F446」の「タイマ」は「ARPR」(Auto-reload
preload register) をもっています。

デフォルトの状態では、「自動再ロード・レジスタ ARR」に値を書き込む場合に、「ARPR」
は飛ばして、いきなり「自動再ロード・レジスタ ARR」に値が設定されます。

しかし、「コントロール・レジスタ CR1」の「ARPE ビット」を「1」に設定しておくと、「自
動再ロード・レジスタ ARR」に値を書き込もうとすると、その値が一旦「ARPR」に書き込
まれます。

そして、「Update 割り込み」が発生したときに、「ARPR」から「自動再ロード・レジスタ
ARR」にロードされます。

そのため、「割り込み周期」を「タイマ」が作動中に変更する場合は、「コントロール・レジ
スタ CR1」の「ARPE ビット」を「1」に設定しておく必要があります。

4.3 「タイマ」で「周期的割り込み」を発生する「クラス」の作成

ここでは、「TIM14」を使い、「周期的割り込み」を発生し、その「周期」を「タイマ」の作動中に変更できる「クラス」を作ります。

■ 4-3-1 「MyTicker14 クラス」の作成

プログラムを**リスト4**に示します。

リスト4 「MyTicker14 クラス」

(a) 「クラス」の定義 （IO_MyTicker14¥MyTicker14¥MyTicker14.hpp）

```
 1: //------------------------------------------------------------------------
 2: //  Ticker と同じような機能のほかに，割込みの時間間隔を設定するメンバ関数を
 3: //  追加した行うクラス，ヘッダ
 4: //
 5: //  2020/02/22, Copyright (c) 2020 MIKAMI, Naoki
 6: //------------------------------------------------------------------------
 7:
 8: #include "mbed.h"
 9:
10: #ifndef MYTICKER14_F446_HPP
11: #define MYTICKER14_F446_HPP
12:
13: namespace Mikami
14: {
15:     class MyTicker14
16:     {
17:     public:
18:         MyTicker14();
19:         // 割込みサービスルーチンの割り当てと割込み周期（μs 単位）の設定
20:         void Attach_us(void (*Func)(), uint16_t time);
21:         // 割込みサービスルーチンの割り当てと割込み周期（ms 単位）の設定
22:         void Attach_ms(void (*Func)(), uint16_t time);
23:         // 割込みを有効にする
24:         void Enable() { tim_->DIER |= TIM_DIER_UIE; }
25:         // 割込みを無効にする
26:         void Disable() { tim_->DIER &= ~TIM_DIER_UIE; }
27:         // 割込み周期（μs 単位）の設定
28:         void SetPeriod_us(uint16_t time);
29:         // 割込み周期（ms 単位）の設定
30:         void SetPeriod_ms(uint16_t time);
31:
32:     private:
33:         // 割込みサービス・ルーチンの中で実行される関数のポインタ
34:         static void (*fp_)();
35:         // タイマに対応する構造体のポインタ
36:         static TIM_TypeDef* const tim_;
37:         static bool created_;
38:         uint32_t intClock_;   // TIM14 を駆動するクロック周波数
39:
40:         // 割込みサービス・ルーチン
41:         static void Isr();
42:         // タイマ設定の共通の処理
43:         void SetCommon(void (*Func)());
44:
45:         // コピー・コンストラクタおよび代入演算子の禁止のため
46:         MyTicker14(const MyTicker14& );
47:         MyTicker14& operator=(const MyTicker14& );
48:     };
49: }
50: #endif  // MYTICKER14_F446_HPP
```

> 「タイマ」の「Update 割込み」を有効にするための「ビット・パターン」に対応するシンボル

> 「MyTicker13」の「メンバ関数」に追加した「メンバ関数」

> これらの「メンバ」は「static メンバ関数」の中で使われるので，「static」でなければならない．さらに，「static メンバ変数」は「クラス」外で実体を定義する必要がある

> この「クラス」の「オブジェクト」が複数生成されるのを防止するために使われるので，「static」にしている

(b) 「メンバ関数」および「static メンバ」の定義
(IO_MyTicker14¥MyTicker14¥MyTicker14.cpp)

```
 1: //-------------------------------------------------------------
 2: //  Ticker と同じような機能のほかに，割込みの時間間隔を設定するメンバ関数を
 3: //  追加した行うクラス
 4: //
 5: //  2020/03/27, Copyright (c) 2020 MIKAMI, Naoki
 6: //-------------------------------------------------------------
 7:
 8: #include "MyTicker14.hpp"
 9: using namespace Mikami;
10:
11: MyTicker14::MyTicker14()
12: {
13:     MBED_ASSERT(!created_);  // このオブジェクトが複数生成されないようにするため
14:
15:     // TIM14 にクロック供給．"stm32f4xx_hal_rcc_ex.h" 参照
16:     __HAL_RCC_TIM14_CLK_ENABLE();
17:
18:     // TIM14 を駆動するクロックの周波数を求める
19:     if ((RCC->DCKCFGR & RCC_DCKCFGR_TIMPRE_Msk) == RCC_DCKCFGR_TIMPRE)
20:         intClock_ = SystemCoreClock;
21:     else
22:         intClock_ = SystemCoreClock/2;
23: }
24:
25: // 割込みサービスルーチンの割当てと割込み周期（μs 単位）の設定
26: void MyTicker14::Attach_us(void (*Func)(), uint16_t time)
27: {
28:     SetPeriod_us(time);
29:     SetCommon(Func);
30: }
31:
32: // 割込みサービスルーチンの割り当てと割込み周期（ms 単位）の設定
33: void MyTicker14::Attach_ms(void (*Func)(), uint16_t time)
34: {
35:     SetPeriod_ms(time);
36:     SetCommon(Func);
37: }
38:
39: // 割込み周期（μs 単位）の設定
40: void MyTicker14::SetPeriod_us(uint16_t time)
41: {
42:     tim_->ARR = 10*time - 1;            // Auto-reload
43:     tim_->PSC = intClock_/10000000 - 1; // Prescaler
44: }
45:
46: // 割込み周期（ms 単位）の設定
47: void MyTicker14::SetPeriod_ms(uint16_t time)
48: {
49:     tim_->ARR = 10*time - 1;            // Auto-reload
50:     tim_->PSC = intClock_/10000 - 1;    // Prescaler
51: }
52:
53: // 割込みサービス・ルーチン
54: void MyTicker14::Isr()
55: {
56:     // TIM14 の Update 割込みでない場合は return
57:     if ((tim_->SR & TIM_SR_UIF_Msk) != TIM_SR_UIF) return;
58:
59:     tim_->SR &= ~TIM_SR_UIF;    // Update 割込みをクリア
60:     fp_();  // Attach_us(), Attach_ms() の引数として渡された関数を実行
61: }
62:
63: // タイマ設定の共通の処理
64: void MyTicker14::SetCommon(void (*Func)())
65: {
```

この「クラス」の「オブジェクト」を複数生成しようとすると，ここで実行時のエラー・メッセージを端末に表示して，実行を停止する

本書で使っている「マイコン」は「ペリフェラル」を使う前に，その「ペリフェラル」へ必ずクロックを供給する必要がある．クロックを供給していない場合は，初期設定もできない

TIM14 を駆動するクロックの周波数は RCC の DCKCFGR の TIMPRE ビットの値で変わる

「MyTicker13」の同名の「メンバ関数」と機能は同じであるが，書き方を変更

「MyTicker13」の「メンバ関数」に追加した「メンバ関数」の定義

```
66:     // CR1 の ARPE を 1 にすることで, ARR の更新を Update event (UVE)
67:     // に合わせて行うように設定できる
68:     // リファレンス・マニュアル (RM0390) p.587 参照
69:     tim_->CR1 = TIM_CR1_CEN              // Counter 有効
70:               | TIM_CR1_ARPE;           // ARR のバッファ有効
71:     // ARR のバッファが無効（ARPE = 0）だと, ARR を再設定してタイマ割込み周期を
72:     // 変える場合, TIM14 のカウンタが 0xFFFF までカウントしてしまう場合が出てくる
73:
74:     fp_ = Func; // Attach_us(), Attach_ms() の引数として渡された関数を割り当てる
75:
76:     // メンバ関数を割込みサービス・ルーチンとして NVIC_SetVector() に渡す場合,
77:     // そのメンバ関数は static でなければならない
78:     NVIC_SetVector(TIM8_TRG_COM_TIM14_IRQn,
79:                    (uint32_t)Isr);       // "core_cm4.h" 参照
80:     NVIC_EnableIRQ(TIM8_TRG_COM_TIM14_IRQn);   // "core_cm4.h" 参照
81:
82:     Enable();        // Update 割込み有効
83: }
84:
85: // static メンバの実体
86: void (*MyTicker14::fp_)();
87: TIM_TypeDef* const MyTicker14::tim_ = TIM14;
88: bool MyTicker14::created_ = false;
```

「MyTicker13」の SetCommon() に対して，追加した部分

「static」メンバは，このように「クラス」外で実体を定義する必要がある

ここでは頭に「static」を付けない

「MyTicker14 クラス」は、基本的には、**第3章**で説明した「MyTicker13 クラス」と同じで、それに、「タイマ」の作動中に「割り込み周期」を変更できる「メンバ関数」を追加したものです。

そこで、以下では主として追加した「メンバ関数」について説明します。

● リスト4(a) の解説

「タイマ」の作動中に「割り込み周期」を変更する「メンバ関数」である「SetPeriod_us()」、「SetPeriod_ms()」の「プロトタイプ宣言」を追加します。

● リスト4(b) の解説

「MyTicker13 クラス」とは異なっているところは、「タイマ」の「ARPR（Auto-reload preload register)」を有効にするように設定しているところです。

これは「メンバ関数 SetCommon()」の中で行なっています。

「メンバ関数 SetCommon()」の中では、「コントロール・レジスタ CR1」の設定を行なっていますが、**70 行目**に追加した部分（| TIM_CR1_ARPE）が「ARPR」を有効にする設定に対応します。

「メンバ関数」「SetPeriod_us()」と「SetPeriod_ms()」は、それぞれ「MyTicker13 クラス」の「Attach_us()」、「Attach_ms()」から、「メンバ関数 SetCommon()」を除去したものになっています。

■ 4-3-2 「MyTicker14 クラス」の使用例

「MyTicker14 クラス」の使用例のプログラムを**リスト5**に示します。
図6にはこのプログラムのファイル構成を示します。

リスト5 「MyTicker14 クラス」を使って「マイコン・ボード」の LED の点滅スピードを
コントロールする（IO_MyTicker14¥main.cpp）

```cpp
 1: //------------------------------------------------------------
 2: //  MyTicker14 のテスト
 3: //
 4: //  2020/02/22, Copyright (c) 2020 MIKAMI, Naoki
 5: //------------------------------------------------------------
 6:
 7: #include "MyTicker14.hpp"
 8: #include "SerialRxTxIntr.hpp"          ← 第6章で作る「シリアル通信」用「クラス」の「ヘッダ・ファイル」
 9: #include <stdlib.h>
10: #include <ctype.h>
11: using namespace Mikami;
12: #pragma diag_suppress 870     // マルチバイト文字使用の警告抑制のため
13:
14: DigitalOut led_(LED1, 0);    ← 「マイコン・ボード」に搭載されている緑色「LED」
15:
16: // MyTicker14 に対する割込みサービス・ルーチン
17: void TimerIsr()
18: {
19:     led_ = !led_;    // LED 点灯/消灯交替
20: }
21:
22: int main()
23: {
24:     printf("\r\n20 以上の整数（ms 単位）を入力し Enter キーを押下すると"
25:            "\r\nLED の点滅周期が変わります\r\n");
26:
27:     MyTicker14 timer;          ← 第6章で作る「シリアル通信」用「クラス」
28:     SerialRxTxIntr pc;
29:     pc.EchobackEnable();        // エコーバック ON
30:     pc.Tx("? ");    ← プロンプト
31:
32:     timer.Attach_ms(&TimerIsr, 1000);    // 最初は1秒間隔
33:
34:     while (true)
35:     {
36:         if (pc.IsEol())    ← "\r" の「コード」を受け取った場合以下の処理を行う
37:         {
38:             string str = pc.GetBuffer();
39:             bool digit = true;
40:             for (int n=0; n<str.size(); n++)
41:                 if (!isdigit(str.c_str()[n])) digit = false;
42:             if (digit)  // str の内容がすべて数字の場合
43:             {
44:                 int x = atoi(str.c_str());
45:                 if (x >= 20) timer.SetPeriod_ms(x);    ← 「タイマ」の「周期」を変更している
46:                 else         printf("20 以上整数を入力してください\r\n");
47:             }
48:             else
49:                 printf("整数ではありません\r\n");
50:             pc.Tx("? ");    ← プロンプト
51:         }
52:     }
53: }
```

図6　リスト5のプログラム「IO_MyTicker14」のファイル構成

このプログラムは、「マイコン・ボード」のLEDの点滅スピードを、「端末エミュレーション」用のソフトからコントロールします。

「タイマ」の「周期」をコントロールしているのは、**46行目**で使っている「timer.SetPeriod_ms()」です。

このプログラムの場合は、「timer.SetPeriod_ms()」の代わりに「timer.Attach_ms()」を使っても、「LED」の点滅の様子の違いは分かりません。

＊

このプログラムでは、「端末エミュレーション」用のソフトとの通信のための「SerialRxTxIntr クラス」を使っています。

「クラス」を定義しているファイルは**図6**に示すファイル構成の「SerialTxRxIntr」の「フォルダ」に入っています。

※ この「クラス」は**第6章**で作るので、そこで説明します。

<h2>4.4　「タイマ割り込み」を利用して「ステッピング・モータ」を動かす</h2>

4-3-1で作った「MyTicker14 クラス」を利用して、「ステッピング・モータ」の回転スピードをコントロールするプログラムを作ります。

最初に、「ステッピング・モータ」の動かし方について簡単に説明し、その後プログラムを説明します。

<h3>■ 4-4-1 「ステッピング・モータ」の動かし方</h3>

「ステッピング・モータ」には「回転子」の種類、「固定子」の「巻線」への電流の流し方によって、いろいろなタイプがあります。

ここでは、「回転子」が「永久磁石」で出来ている「PM（Permanent Magnet）型」で、「固定子」の一つの「巻線」に一方向の電流の流す「**ユニポーラ駆動方式**」の「ステッピング・モータ」を使います。

その構造の例を**図7**に示します。

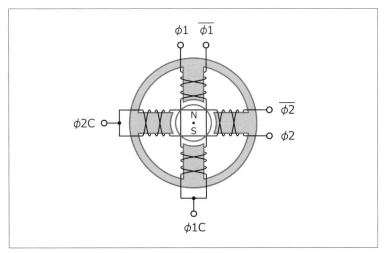

図7 「永久磁石型（PM（Permanent Magnet）型）」で「ユニポーラ駆動方式」の
「ステッピング・モータ」の構造

この動かし方の原理は、次のようになります。

たとえば、「φ1C」の端子を電源の＋側に接続し、「φ1」に電流を流すか、「$\overline{φ1}$」に電流を流すかの切り替えにより、「固定子」の「磁極」の「極性」が変わります。

「φ2C」の方も同様です。

この切り換えにより、「回転子」を動かします。

この切り替えの方式にもいくつかありますが、ここでは「2相励磁方式」を使います。

この方法を**図8**に示します。

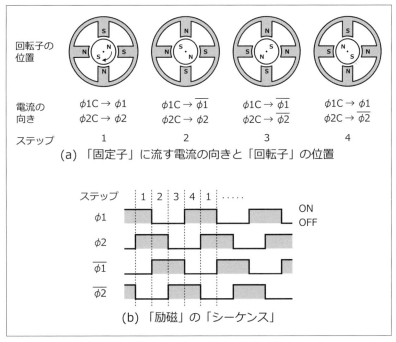

(a) 「固定子」に流す電流の向きと「回転子」の位置

(b) 「励磁」の「シーケンス」

図8 「ユニポーラ駆動方式」の「ステッピング・モータ」を
「2相励磁方式」で駆動する方法

■ 4-4-2 「ステッピング・モータ」の回転スピードをコントロールするプログラム

「ステッピング・モータ」の駆動回路を**図9**に示します。

この回路で、たとえば「D10」に「H」[38] を出力するようなプログラムを書けば、ドライバ用ICの **TBD62083** の出力端子「O5」は「L」[39] になります。

そのため、「ステッピング・モータ」の「回転子」の「巻線」には、+12 V から「φ1」に電流が流れるようになります。

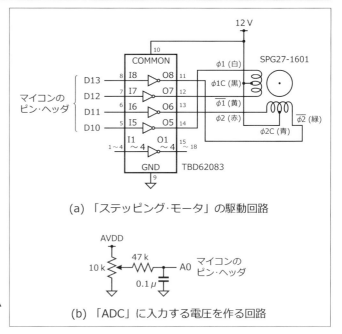

(a) 「ステッピング・モータ」の駆動回路

(b) 「ADC」に入力する電圧を作る回路

図9 リスト6のプログラムを動かす際に使う回路

このように接続した「ステッピング・モータ」の回転スピードを「AD変換器」で読み込んだ値を使ってコントロールするプログラムを**リスト6**に示します。

リスト6 「MyTicker14 クラス」を使って「ステッピング・モータ」の回転スピードをコントロールする（IO_SteppingMotor_TIM14¥main.cpp）

```
 1: //-------------------------------------------------------------------
 2: //    ステッピング・モータの駆動：自作タイマ（MyTicker14 クラス）利用
 3: //        スピードを ADC 入力で制御する
 4: //
 5: //        モータ：        SPG27-1601
 6: //        ドライバIC：    TBD62083
 7: //        液晶表示器：    AQM1602XA-RN-GBW
 8: //
 9: // 2020/02/18, Copyright (c) 2020 MIKAMI, Naoki
10: //-------------------------------------------------------------------
11:
12: #include "MyTicker14.hpp"
13: #include "AQM1602.hpp"
14: using namespace Mikami;
15: #pragma diag_suppress 870    // マルチバイト文字使用の警告抑制のため
16:
17: // タイマ割り込みに対する割り込みサービス・ルーチン
18: void TimerIsr()
19: {
20:     static BusOut motor(D10, D11, D12, D13);     // D10: LSB, D13: MSB
21:     const static uint8_t CW[4] = { 0x03, 0x06, 0x0C, 0x09 };
22:     static uint8_t index = 0;
23:
```

「ステッピング・モータ」に接続されている「出力ポート」に対応

「ステッピング・モータ」に流す電流のパターンに対応するデータが格納されている「配列」

---

[38] 「論理レベル」の高い電圧に対応。実際には約 3.3 V。

[39] 「論理レベル」の低い電圧に対応。実際には約 0 V。

```
24:     motor = CW[index++];      // CW
25:     index &= 0x03;
26: }
27:
28: // タイマに与える周期の計算
29: uint16_t Period(float ad)
30: {
31:     static const int MAX = 5000;
32:     static const int VAL = 2500;
33:
34:     return MAX - (uint16_t)(ad*VAL);
35: }
36:
37: int main()
38: {
39:     printf("\r\n自作のタイマを使ってステッピングモータを動かします\r\n");
40:
41:     Aqm1602 lcd;
42:     if (!lcd.IsConnected()) printf("\r\nLCD は接続されていません\r\n");
43:     lcd.WriteStringXY("Stepping motor", 0, 0);
44:
45:     MyTicker14 timer;
46:     AnalogIn adc(A0);         // 回転速度の制御用
47:     timer.Attach_us(&TimerIsr, Period(adc.read()));
48:
49:     while (true)
50:     {
51:         float value = adc.read();
52:         lcd.WriteValueXY("%5.2f", value, 0, 1);
53:         timer.SetPeriod_us(Period(value));
54:         wait_ms(100);
55:     }
56: }
```

- 24行目: 「ステッピング・モータ」に接続されている「出力ポート」に対応する motor へ, 0x03, 0x06, 0x0C, 0x09, 0x03, ····· の順に出力する
- 29行目: 「ADC」で読み込んだ値から「タイマ」の「周期」を計算する
- 41行目: 「液晶表示器」
- 42行目: 「液晶表示器」が正常に接続されていない場合はこのようなメッセージを出すが, 以降の処理は問題なく実行される
- 45行目: 4.2 で作った「クラス」
- 47行目: 割込みサービス・ルーチン
- 53行目: 「ADC」から読込んだ値で「タイマ割込み」の「周期」を更新している
- 56行目: 「ADC」から読込んだ値の範囲は 0.0 ～ 1.0
- 「AnalogIn クラス」は「ADC」からアナログ電圧値の値を読込むための「クラス」で,「Mbed」のオフィシャル・ライブラリとして提供されている

このプログラムでは、「AD 変換器」で読み込んだ値は、**写真 1**に示すように「液晶表示器」に表示されます。

図 10には、このプログラムのファイル構成を示します。

写真1 リスト6のプログラム「IO_SteppingMotor_TIM14」を実行中の「液晶表示器」の様子

- IO_SteppingMotor_TIM14
  - MyTicker14 ──── 「MyTicker14 クラス」が定義されている MyTicker14.hpp/cpp が含まれる
  - UIT_AQM1602 ──── 筆者作成が作成し「Mbed」に登録している「ライブラリ」※
  - main.cpp ──── 「main() 関数」が含まれる
  - mbed ──── 「Mbed」の「オフィシャル・ライブラリ」

※筆者が作成し「Mbed」に登録している「ライブラリ」は,「Mbed」の「サイト」より「インポート」できる

図 10 リスト6のプログラム「IO_SteppingMotor_TIM14」のファイル構成

●「割り込みサービス・ルーチン `TimerIsr()`」

「ステッピング・モータ」に流れる電流の切り替えは、「タイマ割り込み」に対する「割り込みサービス・ルーチン `TimerIsr()`」で行なっています。

電流は**図8(b)** のパターンのように切り替えますが、これに対応するのが **21 行目**の「配列 `CW[4]`」です。

この「配列」の要素の値を、「`BusOut` クラス」の「オブジェクト `motor`」に、順に出力することにより、「ステッピング・モータ」に流れる電流が切替わり、「ステッピング・モータ」が回転します。

●「メンバ関数 `Period()`」

「AD 変換器」から読取った値を使って、「タイマ割り込み」の「周期」の値を計算する「メンバ関数」です。

「MAX」は最大の「周期」です。

最小の「周期」は「MAX-VAL」の値になります。

● main( ) 関数

「タイマ割り込み」は **4-3-1** で作った「`MyTicker14` クラス」を使って発生させます。

このプログラムは、「AD 変換器」から読み取った値を使って「タイマ割り込み」の「周期」を変えることによって、「ステッピング・モータ」の回転スピードをコントロールします。

「AD 変換器」から読み取った値は、モニタするため、「I²C」で接続される「液晶表示器」に表示させます。

＊

42 行目では、「液晶表示器」が正常に接続されているかチェックし、接続されていない場合は、その旨の表示を行ないます。

なお、このプログラムは、「液晶表示器」が正常に接続されていない場合でも、以降の処理は問題なく実行されます。

＊

「タイマ割り込み」に関する設定は **47 行目**の「`timer.Attach_us()`」で行ないます。

ここでは、「タイマ割り込み」が発生したときに呼ばれる「割り込みサービス・ルーチン `TimerIsr()`」の割り当てと、「周期」の設定行っています。

「`while` ループ」の中では、「AD 変換器」から読取った値を「液晶表示器」に表示させ、この値から「タイマ割り込み」の「周期」を「メンバ関数 `Period()`」で計算し、それを「`timer.SetPeriod_us()`」を使って「タイマ」に設定し、その後 100 ms 待つということを繰り返します。

■4-4-3 「ステッピング・モータ」の回転スピードをコントロールするプログラムで 「Ticker」を使わない理由

　ところで、リスト6のプログラムでは、自作の「タイマ・クラス」を使って、「ステッピング・モータ」の回転スピードをコントロールしていますが、なぜ、わざわざ自作の「タイマ・クラス」を作っているのか疑問に思う読者がいるかもしれません。

　「Mbed」の「オフィシャル・ライブラリ」では「Tickerクラス」という、「タイマ割り込み」を利用するための「クラス」が提供されているので、なぜこれを使わないのでしょうか。

＊

　実は筆者は実際に、「Tickerクラス」を使ってリスト6と同じようなプログラムを作ったことがあります。
　これでも、「タイマ割り込み」の「周期」を変えない場合はまったく問題はありません。
　しかし、「AD変換器」から読取った値で「周期」を変えた場合、回転速度がなめらかに変化せず、「ステッピング・モータ」はギクシャクした動きを見せることがありました。
　その原因は次のように考えられます。

＊

　「Tickerクラス」で「タイマ割り込み」の「周期」を設定する「メンバ関数」は、「attach()」と「attach_us()」で、それ以外にはありません。

　この2つの「メンバ関数」は、「タイマ割り込み」の「周期」を設定するだけでなく、「割り込みサービス・ルーチン」の割り当ても行ないます。
　そのため、この「メンバ関数」は何らかの「初期化」の処理を行なっていると思われます。

　たとえば、図1で「カウンタ・レジスタCNT」の値が「自動再ロード・レジスタARR」の値に達する前に、この「初期化」の処理で「カウンタ・レジスタCNT」の値が「0」にクリアされている可能性があります。
　そうすると、その時だけ突然に「周期」が変動するので、ギクシャクした動きになると考えられます。

　一方、4-2-1で作った「MyTicker14クラス」は、「SetPeriod()」、「SetPeriod_us()」という「メンバ関数」でも、「タイマ割り込み」の「周期」を設定でき、この2つの「メンバ関数」は「カウンタ・レジスタCNT」の値を「0」にクリアすることはなく、「初期化」の処理も行なっていません。
　そのため、「ステッピング・モータ」は回転スピードを変化させても、「Tickerクラス」を使った場合のようなギクシャクした動きをしないと考えられます。

第5章 「AD変換器」を使う

「Mbed」の「オフィシャル・ライブラリ」には「AD変換器」からデータを読み込むための「AnalogInクラス」が含まれています。

「AD変換器」からデータを繰り返して読み込む際、その時間間隔があまり短くない場合（たとえば0.1 ms以上）には、「AnalogInクラス」で充分です。

しかし、短い時間間隔で「AD変換」したい場合は、「AnalogInクラス」では対応できません。

また、「AD変換」の終了で「割り込み」を発生させるという使い方もできません。

さらに、本書で使っている「STM32F446」は「AD変換器」を3組内蔵していますが、「AnalogInクラス」はそのうちの一つ「ADC1」のみを使い、残りの2つは遊んでしまいます。

そのため、この章では「AD変換器」をよりよく使うための「クラス」を作ります。

この「クラス」を使うと、1 μs程度の非常に短い時間間隔でも「AD変換」できます。

*

作った「クラス」の使用例として、「AD変換器」から入力した信号をそのまま「DA変換器」から出力するプログラムを示します。

そのため、「DA変換器」を使うための「クラス」も作ります。

また、作った「クラス」の応用例として、「AD変換器」から入力した信号を「デジタル・フィルタ」に通し、その出力を「DA変換器」から出力するプログラムも示します。

※ なお、本書で使っている「マイコン」には分解能が12ビットの「AD変換器」が3個あり、各「AD変換器」は外部入力として、16のチャンネルを使えるようになっています。

5.1 「クラス」の「継承」を使って作る「AD変換クラス」の概要

■ 5-1-1 「AD変換器」の使い方 −「ポーリング」方式と「割り込み」方式

一般に、「AD変換器」は、「AD変換」の開始の指令を受けてから、「AD変換」が終了してその結果を取り出せるようになるまでにある程度時間がかかります。

そこで、「AD変換」の結果を取得するためには次の3つの方法が使われます。

①「ポーリング」方式
②「割り込み」方式
③「DMA」方式

ここでは、比較的簡単にプログラムを作れる「ポーリング」方式と「割り込み」方式を使う「クラス」を作ります。

●「ポーリング」方式

「ポーリング」方式では、「AD変換」が終了したことをプログラムで確認して、「AD変換」の結果を取り出す方式です。

「Mbedオフィシャル・ライブラリ」の「AnalogInクラス」も、この「ポーリング」方式を使っていますが、このクラスでは、「AD変換」開始の指令を出すのもプログラムで行なっています。

そのため、「AD変換」の開始の指令を出してから、「AD変換」が終了するまでの時間はかならず待たされることになります。

そこで、ここでは「AD変換」の指令を「タイマ」により、「ハードウェア」的に発生するようにしています。

＊

「AD変換」開始の指令を、プログラムで行なうか「タイマ」で「ハードウェア」的に行なうかの違いを図1に示します。

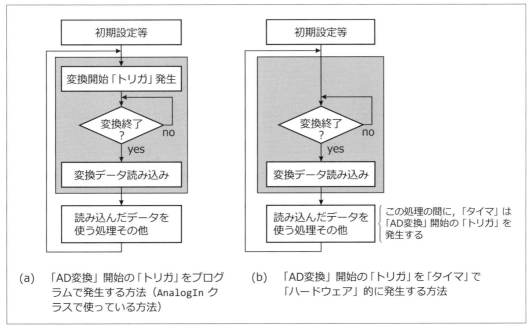

図1 「AD変換」開始の指令を、プログラムで行なうか「タイマ」で「ハードウェア」的に行なうかの違い

図1(b)では、読み込んだデータを使う処理やその他の処理を行なっている間に、自動的に「AD変換」の開始の指令が「タイマ」から発生されます。

そのため、ここの処理を、「AD変換」が終了する時点の手前まで行なうことができます。

それに対して、図1(a)では、読み込んだデータを使う処理やその他の処理に使える時間は、「AD変換器」の変換時間に相当するぶんだけ少なくなってきます。

＊

以上のことから、図1(b)の方法のほうが効率がよいことが分かります。

そのため、これから作る「クラス」では、図1(b)の方法を使います。

● 「割り込み」方式

「割り込み」方式では、「AD変換」が終了したときに「割り込み」を発生させ、「割り込みサービス・ルーチン」の中で「AD変換」の結果を取り出します。

この場合も、「AD変換」の指令を、「タイマ」で「ハードウェア」的に発生する必要があります。

■ 5-1-2 この章で作る「AD変換器用クラス」

この章で作る「クラス」は「継承」を使って作ります。

ここでは図2に示すような構成で作ります。

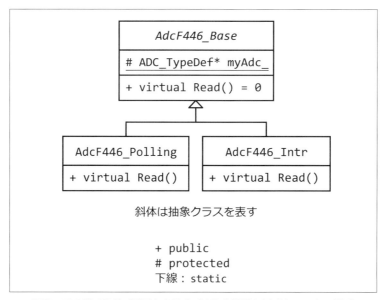

図2　この章で作る「継承」を使う「AD変換器」用「クラス」の構成

● 基底クラス

「AdcF446_Base クラス」は、「AD変換器」を使うために必要な、「初期化」などの処理をまとめた「クラス」で、これを「**基底クラス**」とします。

● 抽象クラス

この中では「Read()」という「メンバ関数」を宣言していますが、この関数は「ポーリング」方式の場合と「割り込み」方式の場合で処理が違ってきます。

そのため、この「基底クラス」の中では「純粋仮想関数」として宣言し、これに対応する処理は定義していません。

このように、「純粋仮想関数」を含む「クラス」を「**抽象クラス**」と呼び、このままでは「オブジェクト」を生成することができません。

● 派生クラス

次に、この「AdcF446_Base クラス」を「継承」する「派生クラス」を作ります。

一つは「ポーリング」方式を使う「AdcF446_Polling クラス」で、もう一つは「割り込み」方式を使う「AdcF446_Intr クラス」です。

いずれの「クラス」も、「基底クラス」の「純粋仮想関数 Read()」を「オーバーライド (overriding)」する「メンバ関数 Read()」を定義します。

> ※ なお、ここで作る「AD 変換器用クラス」は、プログラムを簡単にするため、「AD 変換器」としては「ADC2」を使うようにし、「ADC1」、「ADC3」は使わないものとします。
> また、「AD 変換」開始の「トリガ」は、内蔵「タイマ」の「TIM8」を使います。

5.2　AD 変換器用クラス

この節では、最初に「AD 変換器」を使うために共通に使う「初期化」などの処理をまとめた「基底クラス」を作り、これを「継承」する、「ポーリング」方式および「割り込み」による「クラス」を作ります。

また、これらの「クラス」の使用例を示す際に「DA 変換器」も使うので、「DA 変換器」用の「クラス」これも作ります。

■ 5-2-1　「マイコン」内蔵の「ペリフェラル」の使い方と「GPIO」

この章までで、「ペリフェラル」としては「タイマ」を使ってきました。

ただし、このときの「タイマ」の入力あるいは出力が「マイコン」の外部端子と接続するという使い方ではなかったので、「GPIO」の設定は不要でした。

しかし、「ペリフェラル」の入力あるいは出力が「マイコン」の外部端子と接続するような使い方の場合は、注意する必要があります。

それは、外部端子と接続する際は、**第2章の図3**の「GPIO」の構成で示すように、「ペリフェラル」の入力あるいは出力と「GPIO」の入力あるいは出力は同じ外部端子を共用しているということです。

そのため、「GPIO」を使うのではなく、それ以外の「ペリフェラル」を使う場合であっても、「GPIO」を適切な状態に初期設定しておく必要があります。

● 「GPIO」の適切な初期設定

「GPIO」の適切な初期設定ですが、「AD 変換器」、「DA 変換器」という「アナログ量」を扱う「ペリフェラル」とそれ以外の「ペリフェラル」では多少異なった点があります。

そこで、ここでは「AD 変換器」、「DA 変換器」の場合に限定して、「GPIO」の初期設定から「AD 変換器」、「DA 変換器」を使えるようにするまでの手順を**図3**に示します。

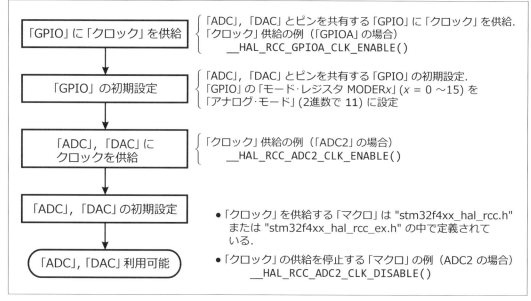

図3 「AD 変換器」、「DA 変換器」の初期化の手順

第3章でも簡単に書いていますが、本書で使っている「マイコン」に内蔵する「ペリフェラル」を使う場合は、かならず「クロック」を供給する必要があります。

そこで、最初に外部端子を共用している「GPIO」に「クロック」を供給します。

「クロック」を供給していない場合は、初期設定も何もできません。

● 「クロック」供給用の「マクロ」

「クロック」の供給は通常の「関数」ではなく「マクロ」で行なうようになっています。

この「マクロ」は「ST マイクロエレクトロニクス社」から提供されているライブラリ[40]に入っており、「ペリフェラル」ごとに定義されています[41]。

そのため、「ペリフェラル」ごとに「マクロ」の名前が違っています。

たとえば、「GPIOA」に「クロック」を供給する場合は次のように書きます。

< 「GPIOA」にクロックを供給するマクロ >
```
__HAL_RCC_GPIOA_CLK_ENABLE()
```

● 「AD 変換器」「DA 変換器」の初期設定

次に、「GPIO」のいろいろな初期設定を行ないますが、「AD 変換器」「DA 変換器」の場合は、これらと共用する「マイコン」の「外部端子」に接続されている「GPIO」の「モード・レジスタ MODER」の、対応するビットを設定するだけで終わりです。

「GPIO」のそれ以外の「レジスタ」の状態はそのままでかまいません。

---

[40] もちろん、「Mbed」からでもフリーで使えます。

[41] "stm32f4xx_hal_rcc.h" または "stm32f4xx_hal_rcc_ex.h" の中で定義されています。

図4には「GPIO」の「モード・レジスタMODER」の構成を示します。

31	30	·····	5	4	3	2	1	0
MODER15		·····	MODER2		MODER1		MODER0	
		·····						

00 :「GPIO」の入力（リセット時の状態）
01 :「GPIO」の出力
10 :「ADC」,「DAC」以外のペリフェラルを使用
11 :「ADC」,「DAC」を使用

図4　「GPIO」の「モード・レジスタMODER」の構成

---

[1]「モード・レジスタMODER」は一つのピンに対し2ビットが割り当てられており、この2ビットが2進数で**11**のとき、そのピンは「GPIO」の「入力ポート」および「出力ポート」から切り離され、「AD変換器」、「DA変換器」の入力または出力が「マイコン」の外部ピンに接続される「モード」になります。

[2] その次に「AD変換器」または「DA変換器」の初期設定を行ないます。

「AD変換器」や「DA変換器」を初期設定する場合も、最初に「クロック」を供給しなければなりません。

たとえば、「ADC2」に「クロック」を供給する場合は次のように書きます。

<「ADC2」にクロックを供給するマクロ>

```
__HAL_RCC_ADC2_CLK_ENABLE()
```

[3] その後、「AD変換器」または「DA変換器」の初期設定を行ないます。

これで、「AD変換器」または「DA変換器」が使えるようになります。

■ 5-2-2 内蔵「AD変換器」の設定方法

内蔵「AD変換器」を使うには、関係する「レジスタ」を知っておく必要があります。

ただし、各「レジスタ」の「ビット」の設定などのプログラムを作る際は、主としてあらかじめ定義されているシンボルを使います。

そのため、各「レジスタ」のどのビットがどのような機能に対応するかは、あまり詳しく理解していなくても大丈夫です。

また、「AD変換器」の各「レジスタ」は、対応する「構造体」があらかじめ「ADC_TypeDef構造体」として定義されているため、これを知っておけば充分です。

＊

その「構造体」を**図5**に示します。

ただしこの図では、本書のプログラミングで使う以外のものは省略しています。

```
        typedef struct
        {
          __IO uint32_t SR;        // ステータス・レジスタ
          __IO uint32_t CR1;       // コントロール・レジスタ1
          __IO uint32_t CR2;       // コントロール・レジスタ2

             (省略)

          __IO uint32_t SQR1;      // レギュラー・シーケンス・レジスタ1
             (省略)
          __IO uint32_t SQR3;      // レギュラー・シーケンス・レジスタ3

             (省略)

          __IO uint32_t DR;        // データ・レジスタ
        } ADC_TypeDef;


               定義されているファイル:stm32f446xx.h
```

図5 「AD 変換器」の「レジスタ」に対応する「`ADC_TypeDef` 構造体」

●「レジスタ」の設定

次に、「AD 変換器」の動作を決める「レジスタ」の設定について、**図6**で説明します。

本書で使う「マイコン」に内蔵している「AD 変換器」は、いくつかの「変換モード」をもっています。

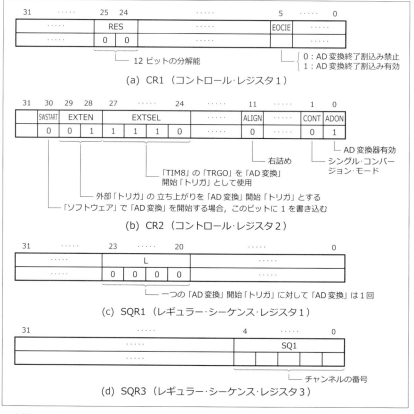

図6 「AD 変換器」の動作を決める「レジスタ」の設定。ただし、0や1の表記がなく、指示のないビットは0

　代表的な「モード」には、「シングル変換モード」「連続変換モード」「スキャン・モード」「インターリーブ・モード」などがあります。
　ここでは、「シングル変換モード」を使います。

---

[1]「AD 変換器」を有効にするには「コントロール・レジスタ CR2」の「ADON ビット」を「1」に設定します。
　これに対応するシンボルは「ADC_CR2_ADON」です。

[2]「AD 変換器」を「シングル変換モード」で使う場合は、「コントロール・レジスタ CR2」の「CONT ビット」を「0」に設定します。
　また、「レギュラ・シーケンス・レジスタ SQR1」の「L ビット」を「0」にしますが、そのためには「ADC_SQT1_L」というシンボルを使います。
　その方法はプログラムのところで説明します。

[3]「AD 変換器」を開始するための「トリガ」は、内蔵の「タイマ」を使います。
　そのためには、「コントロール・レジスタ CR2」の「EXTEN ビット」と、「EXTSEL ビット」を設定します。
　ここでは、内蔵「タイマ」の「立ち上がり」の「エッジ」を「トリガ」にするので、「EXTEN ビット」を 2 進数の「01」に設定します。
　これに対応するシンボルは「ADC_EXTERNALTRIGCONVEDGE_RISING」です。

[4] また、「AD 変換」をスタートする「トリガ」発生には、「タイマ TIM8」の「TIM8_TRGO イベント」を使うので、「EXTSEL ビット」を 2 進数の「1110」に設定します。
　これに対応するシンボルは「ADC_EXTERNALTRIGCONV_T8_TRGO」です。

[5]「AD 変換器」を「割り込み」方式で使う場合は、「コントロール・レジスタ CR1」の「EOCIE ビット」を「1」に設定します。
　これに対応するシンボルは「ADC_CR1_EOCIE」です。

[6]「コントロール・レジスタ CR1」の「RES ビット」は「AD 変換器」の「分解能」を決めます。
　このビットを 2 進数の「00」に設定すれば 12 ビットの分解能になります。

> ※「コントロール・レジスタ CR1」には、これ以外にもいろいろと設定の「ビット」がありますが、結論から言うと「EOCIE ビット」を除くすべてのビットを「0」にすることで、「分解能」が 12 ビットで、自動的にチャンネルのスキャンを行なわない状態になります。
>
> 　「コントロール・レジスタ CR1」の「EOCIE ビット」は、「AD 変換終了割り込み」を使う場合は「1」に、それ以外は「0」に設定します。

[7] さらに、外部からの入力のために使う「マイコン」の「ピン」に応じて、チャンネルを設定する必要があります。
　ここでは、チャンネルの自動スキャンは行なわないので、「レギュラ・シーケンス・レジスタ SQR3」の「SQ1 ビット」にチャンネルの番号（0 〜 15）を設定します。

■ 5-2-3 「AD 変換器」用「基底クラス」

「AD 変換器」を使うための「基底クラス」を**リスト1**に示します。

リスト1 「AD 変換器」用「基底クラス AdcF446_Base」

(a) 「クラス」の定義（F446_ADDA¥F446_AdcBase.hpp）

```
 1: //---------------------------------------------------------------
 2: //   F446 内蔵 ADC2 のための抽象基底クラス(ヘッダ)
 3: //
 4: //   2020/01/28 Copyright (c) 2020 MIKAMI, Naoki
 5: //---------------------------------------------------------------
 6:
 7: #include "mbed.h"
 8:
 9: #ifndef ADC_F446_BASE_HPP
10: #define ADC_F446_BASE_HPP
11:
12: namespace Mikami
13: {
14:     class AdcF446_Base
15:     {
16:     public:
17:         // コンストラクタ
18:         //      fSampling 標本化周波数 [kHz]
19:         //      pin       入力ピンの名前
20:         AdcF446_Base(float fSampling, PinName pin);
21:
22:         virtual ~AdcF446_Base() {}
23:
24:         // AD 変換された値を読み込む
25:         //      -1.0f <= AD変換された値 < 1.0f
26:         virtual float Read() const = 0; // 純粋仮想関数
27:
28:     protected:
29:         static ADC_TypeDef* const myAdc_;    // AD 変換器に対応するポインタ
30:         float ToFloat(uint16_t x) const { return AMP_*(x - 2048); }
31:
32:     private:
33:         static const float AMP_ = 1.0f/2048.0f;
34:         // AD 変換器の外部トリガに使うタイマ (TIM8) の設定
35:         //      fSampling 標本化周波数 [kHz]
36:         void SetTim8(float fSampling);
37:
38:         // AD 変換器に関係のある GPIO の設定
39:         void SetGPIO(PinName pin);
40:
41:         // コピー・コンストラクタ, 代入演算子の禁止のため
42:         AdcF446_Base(const AdcF446_Base&);
43:         AdcF446_Base& operator=(const AdcF446_Base&);
44:     };
45: }
46: #endif // ADC_F446_BASE_HPP
```

> 「= 0」とすることで「仮想関数」を「純粋仮想関数」にしている

> 「割込みサービス・ルーチン」の中で使うので「static メンバ」にしている

(b) 「メンバ関数」と「static メンバ」の定義 (F446_ADDA¥F446_AdcBase.cpp)

```
 1: //-----------------------------------------------------------------
 2: // F446 内蔵 ADC2 のための抽象基底クラス
 3: //
 4: // 2020/01/28, Copyright (c) 2020 MIKAMI, Naoki
 5: //-----------------------------------------------------------------
 6:
 7: #include "F446_AdcBase.hpp"
 8: #include "PeripheralPins.h" // PinMap_ADC を使う場合に必要
 9: #pragma diag_suppress 870    // マルチバイト文字使用の警告抑制のため
10: // PeripheralPins.c は以下よりたどって行けば取得可能
11: // https://gitlab.exmachina.fr/fw-libs/mbed-os/tree/5.8.1
12:
13: namespace Mikami
14: {
15:     // コンストラクタ
16:     AdcF446_Base::AdcF446_Base(float fSampling, PinName pin)
17:     {
18:         SetGPIO(pin);                    // GPIO の設定
19:
20:         __HAL_RCC_ADC2_CLK_ENABLE();     // ADC2 にクロックを供給する
21:         // __HAL_RCC_ADC2_CLK_ENABLE() の定義 : stm32f4xx_hal_rcc_ex.h
22:
23:         // 1 チャンネルのみ使用の設定
24:         myAdc_->SQR1 &= ~ADC_SQR1_L;
25:         // pin に対応するチャンネルを使うための設定
26:         myAdc_->SQR3 = STM_PIN_CHANNEL(pinmap_function(pin, PinMap_ADC));
27:         // pinmap_function() のヘッダファイル: mbed\hal\pinmap.h
28:         // STM_PIN_CHANNEL() の定義 : PinNamesTypes.h
29:
30:         // ADC の CR1 の設定
31:         myAdc_->CR1 = 0x0;   // 12bit, 非Scan モード, AD 変換終了割込みを禁止
32:         // ADC の CR2 の設定
33:         myAdc_->CR2 = ADC_EXTERNALTRIGCONVEDGE_RISING    // 外部トリガの立ち上がりで開始される
34:                     | ADC_EXTERNALTRIGCONV_T8_TRGO       // 外部トリガ: Timer8 TRGO event
35:                     | ADC_CR2_ADON;                      // ADC を有効にする
36:
37:         // AD 変換器の外部トリガに使うタイマ (TIM8) の設定
38:         SetTim8(fSampling);
39:     }
40:
41:     // AD 変換器の外部トリガに使うタイマ (TIM8) の設定
42:     //      fSampling 標本化周波数 [kHz]
43:     void AdcF446_Base::SetTim8(float fSampling)
44:     {
45:         __HAL_RCC_TIM8_CLK_ENABLE();     // クロック供給. "stm32f4xx_hal_rcc.h" 参照
46:         TIM_TypeDef* const TIM = TIM8;
47:
48:         TIM->CR2 = TIM_TRGO_UPDATE;      // Update event を TRGO (trigger output) とする
49:
50:         float arrF = (SystemCoreClock/fSampling)/1000.0f;
51:         if (arrF >65535)
52:         {
53:             fprintf(stderr, "%8.2f kHz : 標本化周波数が低すぎます. \r\n", fSampling);
54:             while (true) {}
55:         }
56:         TIM->ARR = floor(arrF + 0.5f) - 1;  // Auto-reload レジスタの設定
57:         TIM->PSC = 0;                    // Prescaler の設定
58:         TIM->CR1 = TIM_CR1_CEN;          // TIM8 を有効にする
59:     }
60:
61:     // AD 変換器に関係のある GPIO の設定
62:     void AdcF446_Base::SetGPIO(PinName pin)
63:     {
```

"PeripheralPins.c" の
中で定義されている

```
64:        // 各シンボルは stm32f4xx_hal_gpio.h で定義されている
65:        // MODIFY_REG() マクロは stm32f4xx.h で定義されている
66:        uint32_t nShift = STM_PIN(pin) << 1;
67:        uint32_t moder = GPIO_MODE_ANALOG << nShift;
68:        uint32_t mask = 0x03 << nShift;
69:        switch (STM_PORT(pin))
70:        {
71:            case 0:
72:                if (__HAL_RCC_GPIOA_IS_CLK_DISABLED())
73:                    __HAL_RCC_GPIOA_CLK_ENABLE();          // GPIOA にクロックを供給
74:                MODIFY_REG(GPIOA->MODER, mask, moder);      // GPIOA のピンを設定
75:                break;
76:            case 1:
77:                if (__HAL_RCC_GPIOB_IS_CLK_DISABLED())
78:                    __HAL_RCC_GPIOB_CLK_ENABLE();          // GPIOB にクロックを供給
79:                MODIFY_REG(GPIOB->MODER, mask, moder);      // GPIOB のピンを設定
80:                break;
81:            case 2:
82:                if (__HAL_RCC_GPIOC_IS_CLK_DISABLED())
83:                    __HAL_RCC_GPIOC_CLK_ENABLE();          // GPIOC にクロックを供給
84:                MODIFY_REG(GPIOC->MODER, mask, moder);      // GPIOC のピンを設定
85:                break;
86:        }
87:    }
88:
89:    // static メンバの実体
90:    ADC_TypeDef* const AdcF446_Base::myAdc_ = ADC2;
91: }
```

「PinName 列挙型」の「引数」から「ピン」に対応する番号を取得する「マクロ」

「PinName 列挙型」の「引数」から「ポート」に対応する番号を取得する「マクロ」

対応する「GPIO」の「ピン」を「アナログ・モード」で使うように設定

この「クラス」では「AD 変換器」として，ADC2 を使う

「static」メンバは，このように「クラス」外で実体を定義する必要がある

●「クラス」の定義

「AdcF446_Base クラス」は「派生クラス」の「継承」元として使います。

そのため、26 行目の「メンバ関数 Read()」は「純粋仮想関数」として宣言します。

「= 0」とするとすることで、「仮想関数」は「純粋仮想関数」になります。

29 行目で「AD 変換器」の「レジスタ」に対応する、「ADC_TypeDef 構造体」の「ポインタ myAdc_」は「static メンバ」として宣言されています。

これは、次に作る「派生クラス」が「割り込みサービス・ルーチン」を持ち、その中で「myAdc_」を使う予定があるためです。

●「メンバ関数」と「static メンバ」の定義

・コンストラクタ

「コンストラクタ」は 2 つの引数をとります。

最初の「引数」fSampling は標本化周波数で、[kHz] の単位の数値で与えます。

2 つ目の「引数」pin は、第 2 章の図 7 に示す、「PinName 列挙型」の「変数」です。

この「引数」から、「ポート」に対応する数と「ピン」に対応する数を取得できます。

「コンストラクタ」では「AD 変換器」を使うための準備を行ないます。

その準備は、図 3 に示した手順で行ないます。

[1] 最初に、「AD 変換器」で使う「外部ピン」と共用の「GPIO」を、**18 行目**の SetGPIO() で設定します。

[2] 次に、「AD 変換器」の動作状態を決める「レジスタ」を設定します。

その前に、「AD 変換器」にクロックを供給する必要があるので、**20 行目**で、クロックを供給するための処理を行なっています。

「AD 変換器」の「レジスタ」の設定の最初は、「レギュラ・シーケンス・レジスタ SQR1」の設定です。

これは、**図 6(c)** のように設定します。

プログラムの **24 行目**では「ADC_SQR1_L」というシンボルを使っていますが、このシンボルは、「レギュラ・シーケンス・レジスタ SQR1」の「L ビット」の値を 2 進数で「1111」にするものです。

そこで、**24 行目**のように、「ADC_SQR1_L」のビットを反転した「~ADC_SQR1_L」を作り、これと「L ビット」との AND をとることにより、「レギュラ・シーケンス・レジスタ SQR1」は、「L ビット」以外はそのままで、「L ビット」の値は 2 進数で「0000」に設定されます。

[3] 次に、「レギュラ・シーケンス・レジスタ SQR3」に、「AD 変換器」のこれから使うチャンネル番号を設定します。

そのためには、最初に「引数 pin」から「AD 変換器」のチャンネル番号を取得する必要があります。

その処理が **26 行目**の右辺の処理です。

その結果、チャンネル番号が取得できるので、その値を「レギュラ・シーケンス・レジスタ SQR3」に代入しています。

[4] その次に、「コントロール・レジスタ CR1」を設定します。

「基底クラス」では「AD 変換終了割り込み」は禁止しておきます。

そのため、「EOCIE ビット」は「0」にします。

また「AD 変換器」の「分解能」は 12 ビットで使うので、「RES ビット」も 2 進数で「00」に設定します。

それ以外の「ビット」はすべて「0」にします。

そのため、**31 行目**のように、「コントロール・レジスタ CR1」はすべてのビットを「0」にします。

[5] 「AD 変換器」の「レジスタ」の設定の最後に、「コントロール・レジスタ CR2」を設定します。

「0」以外の値に設定するビットは「EXTEN」、「EXTSEL」、「ADON」です。

プログラムでは、これらのビットに設定する値の「OR」を求め、その値を「コントロール・レジスタ CR2」に設定しています。

[6]「コンストラクタ」の処理の最後に、「AD 変換器」の変換を開始するための外部「トリガ」として使う「タイマ TIM8」の「周期」を、「SetTim8()」で設定します。

・メンバ関数 SetTim8()
　「SetTim8()」は「AD 変換器」の外部「トリガ」として使う「タイマ TIM8」を設定します。

---

[1] 最初は、**45 行目**のように「クロック」を供給します。

[2] 次に、この「タイマ」の「周期」を設定するため、「引数 fSampling」で、[kHz] の単位で与えられる「標本化周波数」から、「タイマ」の「自動再ロード・レジスタ ARR」に与える値を計算し、設定します。

　その計算の際に「SystemCoreClock」という「変数」を使っていますが、これは「大域変数」で、「マイコン」の「CPU コア」の「クロック周波数」が、あらかじめ格納されています。
　この値は、特にユーザーが変更しない限り、「180,000,000」になっています。

　なお、「TIM8」の「自動再ロード・レジスタ ARR」のビット幅は 16 ビットです。
　そのため、**50 行目**で計算された「arrF」の値が「65,536」を越えてしまった場合には、実行時のエラーになるようにしています。

　具体的には、エラー・メッセージを「端末エミュレーション」用のソフトを使って表示し、「無限ループ」の状態に入ります。

・メンバ関数 SetGPIO()
　「メンバ関数 SetGPIO()」は「AD 変換器」の「入力ピン」を、共用する「GPIO」の「入力ポート」および「出力ポート」から切り離すための処理を行ないます。
　そのためには、「GPIO」の「モード・レジスタ MODER」を、「ピン」の番号に応じて設定する必要があります。
　この方法については、すでに**図4**を使って説明しています。

　「ピン」の番号は **66 行目**の「マクロ」の「STM_PIN()」[42] で取得しています。
　また、「ポート」の番号は **69 行目**の「マクロ」の「STM_PORT()」[43] で取得しています
　「AD 変換器」の「入力ピン」を、共用する「GPIO」は「GPIOA」「GPIOB」「GPIOC」の3つです。
　そこで、「STM_PORT()」で対応する番号を取得し、その値に応じて **69 行目**の「switch 文」で、「クロック」の供給と、「モード・レジスタ MODER」の設定を行なっています。
　「モード・レジスタ MODER」の設定は「マクロ」の「MODIFY_REG()」[44] で行なっています。

---

[42] 「STM_PIN()」は "PinNameTypes.h" で定義されています。

[43] 「STM_PORT()」は "PinNameTypes.h" で定義されています。

[44] 「MODIFY_REG()」は "stm32f4xx.h" で定義されています。

・static メンバ **myAdc_**

「static メンバ myAdc_」には、「ADC2」に対応する「ポインタ ADC2」を設定しています。

■ 5-2-4 「ポーリング」方式による「派生クラス」

リスト 2 に、「AdcF446_Base クラス」を「基底クラス」として「継承」する、「ポーリング方式」による「派生クラス AdcF446_Polling」を示します。

リスト 2　F446_ADDA¥F446_AdcPolling.hpp

```
 1: //----------------------------------------------------------------
 2: //   F446 内蔵 ADC2 をポーリング方式で使うための派生クラス
 3: //       基底クラス： AdcF446_Base
 4: //
 5: // 2020/02/23, Copyright (c) 2020 MIKAMI, Naoki
 6: //----------------------------------------------------------------
 7:
 8: #include "F446_AdcBase.hpp"
 9:
10: #ifndef ADC_F446_POLLING_HPP
11: #define ADC_F446_POLLING_HPP
12:
13: namespace Mikami
14: {
15:     class AdcF446_Polling : public AdcF446_Base          ← 「継承」元の「基底クラス」
16:     {
17:     public:
18:         // コンストラクタ
19:         //      fSampling 標本化周波数 [kHz]
20:         //      pin       入力ピンの名前
21:         AdcF446_Polling(float fSampling, PinName pin)
22:             : AdcF446_Base(fSampling, pin) {}
23:
24:         virtual ~AdcF446_Polling() {}
25:
26:         // AD 変換された値を読み込む
27:         //      -1.0f <= AD変換された値 < 1.0f
28:         virtual float Read() const     ← 本来は「派生クラス」で「オーバーライド」する「関数」には「vitual」を付ける必要はないが，「Mbed」の場合は，これを付けないと「コンパイル」時に「警告」のメッセージが出る
29:         {
30:             while ((myAdc_->SR & ADC_SR_EOC) != ADC_SR_EOC) {}     ← 「AD 変換」が終了するまで待つ
31:             return ToFloat(myAdc_->DR);     ← 「AD 変換」の結果を「AD 変換器」の「データ・レジスタ (DR)」から読み出す
32:         }
33:     };
34: }
35: #endif  // ADC_F446_POLLING_HPP
```

「AdcF446_Polling クラス」は、「基底クラス」の中の「純粋仮想関数 Read()」を「オーバーライド」（overriding）しています。

「オーバーライド」する「メンバ関数」に、本来は「virtual」という「予約語」を付ける必要はありません。

しかし、「Mbed」の「コンパイラ」は「virtual」を付けない場合、「コンパイル」の際に「警告」を出します。

これを防止するため、ここでは「virtual」を付けています。

・メンバ関数 Read()

「メンバ関数 Read()」では、まず **30 行目**で「AD 変換器」の「ステータス・レジスタ SR」の「EOC ビット」が「1」になるまで何回も調べます。

「EOC ビット」が「1」になったら、次に進み、**31 行目**で、「AD 変換」の結果が格納されている「データ・レジスタ DR」を読み込み、この値を「メンバ関数 ToFloat()」で「float 型」に変換して、「戻り値」としています。

■ 5-2-5 「割り込み」方式による「派生クラス」

リスト3に、「AdcF446_Base クラス」を「基底クラス」として「継承」する、「割り込み方式」による「派生クラス」AdcF446_Intr を示します。

リスト3　F446_ADDA¥F446_AdcIntr.hpp

```
 1: //-------------------------------------------------------------
 2: //   F446 内蔵 ADC2 を割込み方式で使うための派生クラス
 3: //       基底クラス: AdcF446_Base
 4: //
 5: //   2020/02/23, Copyright (c) 2020 MIKAMI, Naoki
 6: //-------------------------------------------------------------
 7:
 8: #include "F446_AdcBase.hpp"
 9:
10: #ifndef ADC_F446_INTERRUPT_HPP
11: #define ADC_F446_INTERRUPT_HPP
12:
13: namespace Mikami
14: {
15:     class AdcF446_Intr : public AdcF446_Base     ← 「継承」元の「基底クラス」
16:     {
17:     public:
18:         // コンストラクタ
19:         //      fSampling 標本化周波数 [kHz]
20:         //      pin       入力ピンの名前
21:         AdcF446_Intr(float fSampling, PinName pin)
22:             : AdcF446_Base(fSampling, pin)
23:         { myAdc_->CR1 |= ADC_CR1_EOCIE; }        // AD 変換終了割り込みを許可
                  ↑ この設定で、「AD 変換」が終了した場合に,「割込み」が発生する
24:
25:         virtual ~AdcF446_Intr() {}
26:
27:         // 割込みベクタの設定と AD 変換割込みを有効にする
28:         void SetIntrVec(void (*Func)())
29:         {
30:             fp_ = Func;            // 引数として渡された処理を割り当てる
31:             NVIC_SetVector(ADC_IRQn, (uint32_t)Isr);   // "core_cm4.h" 参照
32:             NVIC_EnableIRQ(ADC_IRQn);                  // "core_cm4.h" 参照
33:         }
34:
35:         // AD 変換された値を読み込む
36:         //      -1.0f <= AD変換された値 < 1.0f
37:         virtual float Read() const { return ToFloat(myAdc_->DR); }
                   「AD 変換」の結果を「AD 変換器」の「データ・レジスタ (DR)」から読み出す ↗
                   「AD 変換」が終了するまで待たなくてよい ↗
38:
39:     private:
40:         static void (*fp_)();    // 割込みサービス・ルーチンの中で実行される関数のポインタ
41:
42:         // 割込みサービス・ルーチン, このクラスで使っている ADC であることを確認
43:         static void Isr()
```

```
44:        { if ((myAdc_->SR & ADC_SR_EOC_Msk) == ADC_SR_EOC) fp_(); }
45:    };
46:
47:    // static メンバの実体
48:    void (*AdcF446_Intr::fp_)();
49: }
50: #endif  // ADC_F446_INTERRUPT_HPP
```

「割込み」が, この「クラス」の「AD 変換器」から発生したものであることを確認している

SetIntrVec() の「引数」で与えられた, 外部で定義されている「関数」を実行する

「AdcF446_Intr クラス」では、「基底クラス」の中の「純粋仮想関数 Read()」を「オーバーライド」するとともに、「AD 変換終了割り込み」を使うための設定を行なっています。

・コンストラクタ
「コンストラクタ」では「AD 変換終了割り込み」を使うための設定を行ないます。
そのために、23 行目で「コントロール・レジスタ CR1」の「EOCIE ビット」を「1」に設定しています。

・メンバ関数 SetIntrVec()
「メンバ関数 SetIntrVec()」は、「割り込み」に必要な設定を行ないます。

「この関数」は、外部から渡される「関数」を「引数」として持ちます。
「引数」として渡された「関数」は、30 行目で「関数ポインタ fp_」に渡されます。
「関数ポインタ fp_」に渡された「関数」は「割り込みサービス・ルーチン Isr()」の中で実行されます。

その次の、31 行目の「NVIC_SetVector()」と 32 行目の「NVIC_EnableIRQ()」は「CMSIS」で提供されている「関数」です。

「関数 NVIC_SetVector()」は「第一引数」で与えられた「ADC_IQRn」に対応する「割り込み」が発生した場合に、「第二引数」で与えられたこの「クラス」内の「割り込みサービス・ルーチン Isr()」を「割り込みベクタ」に設定します。
つまり、この設定で、「AD 変換終了割り込み」が発生した場合に、この「AdcF446_Intr クラス」の「割り込みサービス・ルーチン Isr()」が実行されるようになります。

「関数 NVIC_EnableIRQ()」は「引数」で与えられた「ADC_IQRn」に対応する「割り込み」を有効にするための処理を行ないます。

・メンバ関数 Read()
この「クラス」では「割り込み」が発生した時点で「AD 変換」は終了しています。

そのため、「データ・レジスタ DR」を読み込む際には、「AdcF446_Polling クラス」の「メンバ関数 Read()」のように「ステータス・レジスタ SR」の「EOC ビット」が「1」であることを確認する必要はありません。

そこで、**37 行目**のように、いきなり「データ・レジスタ DR」を読み込み、この値を「メンバ関数 ToFloat()」で「float 型」に変換して、「戻り値」としています。

・割り込みサービス・ルーチン Isr()

この中では、最初に「割り込みサービス・ルーチン Isr()」を呼び出した「割り込み」が、この「クラス」で使っている「AD 変換器」[45] の「割り込み」かどうかをチェックします。

そして、この「クラス」で使っている「AD 変換器」の「割り込み」の場合だけ、「fp_()」に割り当てられた処理を行ないます。

「fp_()」に割り当てられた処理とは、SetIntrVec() の「引数」に渡された、外部で定義された「関数」になります。

・static メンバ fp_

48 行目で「static メンバ fp_」の実体を宣言しています。

■ 5-2-6 「DA 変換クラス」

リスト4に、「マイコン」に内蔵する「DA 変換器」を使うための「DacF446 クラス」を示します。

リスト4　「DA 変換」用「DacF446 クラス」
(a)「クラス」の定義（F446_ADDA¥F446_Dac.hpp）

```
 1: //---------------------------------------------------------
 2: //  STM32F446 内蔵の DAC 用のクラス
 3: //      出力端子:    A2  (PA_4)
 4: //
 5: //  2020/02/18, Copyright (c) 2020 MIKAMI, Naoki
 6: //---------------------------------------------------------
 7: #include "mbed.h"
 8:
 9: #ifndef DAC_F446_SINGLE_HPP
10: #define DAC_F446_SINGLE_HPP
11:
12: namespace Mikami
13: {
14:     class DacF446
15:     {
16:     public:
17:         // コンストラクタ,  A2 に接続される CH1 のみを有効にする
18:         DacF446();
```

---

[45] この「クラス」で使う「AD 変換器」は「ADC2」です。
　しかし、ここで使っている「マイコン」は、残りの「ADC1」や「ADC3」でも「割り込み」を使う場合の割り込み番号に対応するシンボルは、「ADC2」の場合と同じ「ADC_IQRn」です。
　そのため、「AD 変換終了割り込み」があった場合は、「ADC2」からの「割り込み要求」であることを確認する必要があります。

```
19:
20:         virtual ~DacF446() {}
21:
22:         // -1.0f <= data <= 1.0f
23:         void Write(float data) { WriteDacCh1(ToUint16(data)); }
24:
25:         // 0 <= data <= 4095
26:         void Write(uint16_t data) { WriteDacCh1(__USAT(data, BIT_WIDTH_)); }
27:
28:     private:
29:         static const int BIT_WIDTH_ = 12;
30:         DAC_TypeDef* const myDac_;   // DA 変換器に対応するポインタ
31:
32:         // DAC の CH1 へ右詰めで出力する
33:         void WriteDacCh1(uint16_t val) { myDac_->DHR12R1 = val; }
34:
35:         // 飽和処理を行い uint16_t 型のデータを戻り値とする
36:         uint16_t ToUint16(float val)
37:         {   return __USAT((val + 1.0f)*2048.0f, BIT_WIDTH_); }
38:
39:         // DA 変換器に関係のある GPIO の設定
40:         void SetGPIO();
41:
42:         // コピー・コンストラクタ，代入演算子禁止のため
43:         DacF446(const DacF446&);
44:         DacF446& operator=(const DacF446&);
45:     };
46: }
47: #endif // DAC_F446_SINGLE_HPP
```

「コンパイル」時に「アセンブリ言語」の USAT 命令に変換され，「符号なし」の「飽和演算」を行う

「飽和演算」を行う部分を 12 ビットを越えた部分になるように指定する

12 ビットの「右詰め」のデータを書き込む「レジスタ」に対応するシンボル

(b)「メンバ関数」の定義（F446_ADDA¥F446_Dac.cpp）

```
 1: //-------------------------------------------------------
 2: //  STM32F446 内蔵の DAC 用のクラス
 3: //      出力端子:    A2  (PA_4)
 4: //
 5: //  2020/02/18, Copyright (c) 2020 MIKAMI, Naoki
 6: //-------------------------------------------------------
 7:
 8: #include "F446_Dac.hpp"
 9:
10: namespace Mikami
11: {
12:     // コンストラクタ，  A2 に接続される CH1 のみを有効にする
13:     DacF446::DacF446() : myDac_(DAC)
14:     {
15:         SetGPIO();                    // GPIO の設定
16:
17:         __HAL_RCC_DAC_CLK_ENABLE(); // DAC にクロックを供給する
18:         // __HAL_RCC_DAC_CLK_ENABLE() の定義 : stm32f4xx_hal_rcc_ex.h
19:
20:         myDac_->CR = DAC_CR_EN1;
21:     }
22:
23:     // DA 変換器に関係のある GPIO の設定
24:     void DacF446::SetGPIO()
25:     {
26:         static const PinName PIN = A2;
27:         // 各シンボルは stm32f4xx_hal_gpio.h で定義されている
28:         // MODIFY_REG() マクロは stm32f4xx.h で定義されている
29:         uint32_t nShift = STM_PIN(PIN) << 1;
30:         uint32_t moder = GPIO_MODE_ANALOG << nShift;
31:         uint32_t mask = 0x03 << nShift;
```

内蔵の「DA 変換器」に対応する「DAC_TypeDef 構造体」の「ポインタ」

「DA 変換器」の「チャンネル 1」は有効にし，「チャンネル 2」は無効にする

「PinName 列挙型」の「変数」から「ピン」に対応する番号を取得する「マクロ」

```
32:
33:        if (__HAL_RCC_GPIOA_IS_CLK_DISABLED())
34:            __HAL_RCC_GPIOA_CLK_ENABLE();        // GPIOA にクロックを供給
35:        MODIFY_REG(GPIOA->MODER, mask, moder);  // GPIOA のピンを設定
36:    }
37: }
```

● 「クラス」の定義

本書で使っている「マイコン」には 2 チャンネルの「DA 変換器」が内蔵されています。

そのうちの 1 チャンネルは、「マイコン・ボード」の上で、「LED」への出力回路に接続されています。

その関係で、このチャンネルには「フルスケール」で出力することができません。

そこで、この「クラス」では、「LED」に接続されていない方のチャンネルを使うことにします。

*

26 行目と **37 行目**で、「__USAT()」という「関数」を使っていますが、これは「intrinsic 関数」[46]の一つです。

この「関数」は、「符号なし」の「飽和演算」を行なう関数です。

この「関数」の「第二引数」は「飽和演算」を行なう場合のビットの幅を指定します。

このプログラムでは「BIT_WIDTH_」というシンボルを使っていますが、この値は **29 行目**で「12」に設定されています。

そのため、「$2^{12}-1=4095$」なので、この「関数」の「第一引数」を data とすると、この「関数」の「戻り値」は以下のようになります。

data > 4095 の場合：	4095
data < 0 の場合：	0

「DA 変換器」に書き込む「関数」は **23 行目**または **26 行目**の「メンバ関数 Write()」で、データが「float 型」の場合と「uint16_t 型」の場合に対応しています。

与えるデータの範囲は、それぞれ次にようになっています。

データが「float 型」の場合は「-1 ～ 1」、データが「uint16_t 型」の場合は「0 ～ 4095」になっています。

● 「メンバ関数」の定義
・コンストラクタ

「コンストラクタ」は「DA 変換器」を使うための準備を行ないます。

*

最初に、「DA 変換器」で使う「外部ピン」と共用の「GPIO」を、**15 行目**の SetGPIO() で設定します。

---

[46] 「intrinsic 関数」とは、そのまま「CPU」の命令に置き替えられる関数で、高速に実行されます。

次に、「DA 変換器」の動作状態を決める「レジスタ」を設定しますが、その前に、「DA 変換器」にクロックを供給する必要があるので、**17 行目**で、クロックを供給するための処理を行なっています。

20 行目では、「DA 変換器」の「チャンネル 1」は有効にし、「チャンネル 2」は無効にするように設定しています。

・メンバ関数 SetGPIO()

この「DacF446 クラス」では、外部で「LED」に接続されていない端子「A2」[47] に出力します。
そのため、**26 行目**の「定数 PIN」は「A2」としています。

「SetGPIO()」は「DA 変換器」の「出力ピン」を、共用する「GPIO」の「入力ポート」および「出力ポート」から切り離すための処理を行ないます。
その方法は、「AdcF446_Base クラス」の「メンバ関数 SetGPIO()」と考え方は同じなので、説明は省略します。

---

[47] 「A2」は「マイコン・ボード」の「ピンヘッダ」の端子の名前で、この端子は「マイコン」の端子名としては「PA_4」(「GPIOA」の 4 ピン) になります。

5.3 「AD 変換用クラス」の使用例

5-2 で作った「AD 変換用クラス」の使用例を示します。
ここでは、「ポーリング」方式の場合と「割り込み」方式の場合について示します。

*

プログラムの処理の内容は、いずれも「AD 変換器」から「アナログ信号」を入力し、それをそのまま「DA 変換器」にデータを出力するというものです。

その際の「標本化周期」ですが、この「ライブラリ」を使うと、「標本化周期」をかなり短い間に設定できることを示すため、「1μs」(標本化周波数:1 MHz)に設定しています。

■ 5-3-1 「ポーリング」方式

リスト5に、「ポーリング」方式を使う場合のプログラムを示します。
図7には、このプログラムのファイル構成を示します。

リスト5 「ポーリング」方式で「AD 変換器」から「アナログ信号」を入力し、
そのまま「DA 変換器」から出力する(IO_ADC_Polling¥main.cpp)

```
 1: //------------------------------------------------------------
 2: //   内蔵 ADC で読込んだ値を, そのまま内蔵 DAC へ出力する
 3: //       ポーリング方式の場合
 4: //
 5: //       入力ピン:  A1
 6: //       出力ピン:  A2
 7: //       標本化周波数:  1 MHz
 8: //
 9: // 2020/02/02, Copyright (c) 2020 MIKAMI, Naoki
10: //------------------------------------------------------------
11:
12: #include "F446_AdcPolling.hpp"
13: #include "F446_Dac.hpp"
14: using namespace Mikami;
15: #pragma diag_suppress 870    // マルチバイト文字使用の警告抑制のため
16:
17: int main()
18: {
19:     AdcF446_Polling adc(1000, A1);      // 標本化周波数:  1 MHz
20:     DacF446 dac;
21:
22:     printf("\r\nAD 変換器の入力をそのまま DA 変換器に出力します\r\n");
23:     printf("ポーリング方式を使用\r\n");
24:
25:     while (true) dac.Write(adc.Read());
26: }
```

「AD 変換器」から入力

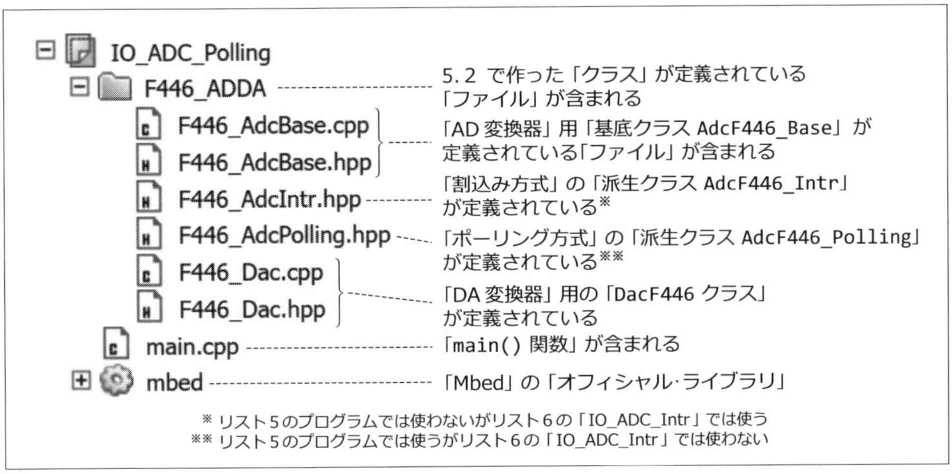

図7　リスト5の「IO_ADC_Polling」のプログラムで使っているファイルの構成

■ 5-3-2 「割り込み」方式

リスト6に、「割り込み」方式を使う場合のプログラムを示します。

このプログラムのファイル構成はリスト5と同じで、図7のようになります。

リスト6　IO_ADC_Intr¥main.cpp

```
 1: //-------------------------------------------------------------
 2: //    内蔵 ADC で読込んだ値を，そのまま内蔵 DAC へ出力する
 3: //         割込み方式の場合
 4: //
 5: //       入力ピン： A1
 6: //       出力ピン： A2
 7: //       標本化周波数： 1 MHz
 8: //
 9: // 2020/02/02, Copyright (c) 2020 MIKAMI, Naoki
10: //-------------------------------------------------------------
11:
12: #include "F446_AdcIntr.hpp"
13: #include "F446_Dac.hpp"
14: using namespace Mikami;
15: #pragma diag_suppress 870    // マルチバイト文字使用の警告抑制のため
16:
17: AdcF446_Intr adc_(1000, A1);           // 標本化周波数： 1 MHz
18: DacF446 dac_;
19:
20: // AD 変換終了割り込みに対する割り込みサービス・ルーチン
21: void AdcIsr() { dac_.Write(adc_.Read()); }
22:
23: int main()                              「AD 変換器」から入力
24: {
25:     printf("\r\nAD 変換器の入力をそのまま DA 変換器に出力します\r\n");
26:     printf("割り込み方式\r\n");
27:
28:     adc_.SetIntrVec(&AdcIsr);    // 割り込みサービス・ルーチンの設定
29:     while (true) {}
30: }
```

5.4　「デジタル・フィルタ」への応用

5-2 で作った「AD 変換用クラス」の応用例として、「デジタル・フィルタ」のプログラムを示します。

「デジタル・フィルタ」にはいろいろな構成のものがありますが、ここでは図8に示す、「縦続形」構成の「IIR フィルタ」を作ります。

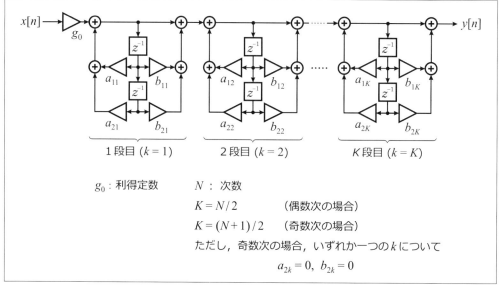

図8　「縦続形」構成の「IIR フィルタ」

※ なお、「デジタル・フィルタ」についての説明をすると、それだけで一冊の本になるくらいの内容があります。
　そこで、ここでは脚注に「参考書」[48] を示すだけにとどめます。

メイン・プログラムをリスト7に、このプログラムの中で使っているファイルの構成を図9に示します。

リスト7　IO_IirFilter¥main.cpp

```
 1: //------------------------------------------------------------
 2: //   ADC で読込んだ信号にディジタル・フィルタをかけて DAC から出力する
 3: //      ADC 用クラス    AdcF446_Polling, ポーリング方式
 4: //      入力ピン： A1
 5: //      出力ピン： A2
 6: //      標本化周波数：  100 kHz
 7: //
 8: // 2019/12/28, Copyright (c) 2019 MIKAMI, Naoki
 9: //------------------------------------------------------------
10:
```

[48] 三上直樹著：「はじめて学ぶデジタル・フィルタと高速フーリエ変換」、CQ出版社、第9版、2016年。

```
11: #include <ctype.h>
12: #include "F446_AdcPolling.hpp"
13: #include "F446_Dac.hpp"
14: #include "IIR_Cascade.hpp"
15: #include "CoefficientsIIR_Cascade.hpp"
16: using namespace Mikami;
17: #pragma diag_suppress 870    // マルチバイト文字使用の警告抑制のため
18:
19: int main()
20: {
21:     Serial pc(USBTX, USBRX);
22:     pc.printf("\r\n遮断周波数が 1 kHz の IIR フィルタを実行します\r\n");
23:     pc.printf("最初はフィルタ処理が無効です\r\n");
24:     pc.printf("フィルタの処理は y で有効, n で無効になります\r\n? ");
25:
26:     IirCascade lpf(ORDER_, hk_, G0_);
27:     bool doFilter = false;
28:
29:     AdcF446_Polling adc(100, A1);     // 標本化周波数: 100 kHz
30:     DacF446 dac;
31:     while (true)
32:     {
33:         if (pc.readable())
34:         {
35:             char ch = tolower(pc.getc());
36:             if (ch == 'y' || ch == 'n')
37:             {
38:                 if (ch == 'y') doFilter = true;
39:                 if (ch == 'n') doFilter = false;
40:                 pc.printf("%c\r\n? ", ch);
41:             }
42:         }
43:
44:         float xn = adc.Read();
45:         float yn = doFilter ? lpf.Execute(xn) : xn;
46:         dac.Write(yn);
47:     }
48: }
```

- 「縦続形」の「IIR フィルタ」を作るための「クラス」のプログラム
- 「フィルタ」の「係数」
- 「縦続形」の「IIR フィルタ」を作るための「クラス」
- 「ターミナル・ソフト」からの送信があった場合に，以下の処理を行う
- 'y', 'n' またはそれらの大文字以外は処理が切替わらず，「ターミナル・ソフト」にも「エコー・バック」されない
- 「AD 変換器」から入力
- 「フィルタ」の処理を実行

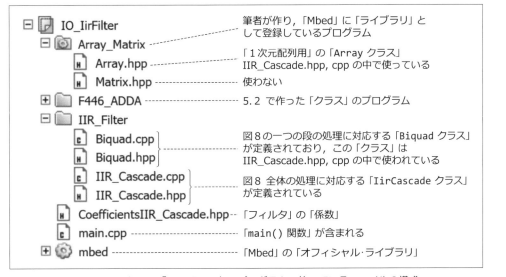

図9　リスト7の「IO_IirFilter」のプログラムで使っているファイルの構成

　この「フィルタ」は「標本化周波数」が 100 kHz で、「遮断周波数」が 1 kHz の「IIR フィルタ」です。

　「フィルタ」の特性を決める「係数」は **15 行目**の「インクルード・ファイル」"CoefficientsIIR_Cascade.hpp" に記述しています。

　26 行目が、「縦続形」構成の「IIR フィルタ」に対応する「IirCascade クラス」の「オブジェクト」の「初期設定」です。

　「IirCascade クラス」の中では、筆者の作った 2 つの「クラス」を使っています。

　それは、**図 8** の構成の一段の処理に対応する「Biquad クラス」と、「1 次元配列」用の「Array クラス」です。

　これは**リスト 7** には出てきませんが、「IirCascade クラス」を作るためのファイル "IIR_Cascade.hpp"、"IIR_Cascade.cpp" の中で使っています。

> ※「ソース・リスト」については、「工学社」のサイトの本書に関するページからダウンロードできるので、そちらを参照してください。

　このプログラムは、「フィルタ」を実行するか、そのまま出力するかを、「Tera Term」のような「端末エミュレーション」用のソフトでコントロールできるように作っています。

*

　33 行目の if 文で「端末エミュレーション」用のソフトから何らかの送信があったかどうかチェックしています。

　送信があった場合は、その文字を小文字に変換してから 'y' か 'n' であるかどうかをチェックします。

　'y' であれば、「フィルタ」の処理を有効に、'n' であれば、そのまま出力するようになります。

　'y' または 'n' 以外であれば、処理の切り替えは行なわず、また「端末エミュレーション」用のソフトへの「エコー・バック」も行ないません。

*

　「AD 変換器」からの入力は **44 行目**で行ない、**45 行目**では、「端末エミュレーション」用のソフトからの 'y'、'n' に応じて、「フィルタ」処理を行った結果、または入力信号を「変数 yn」に代入します。

　最後に **46 行目**で、「変数 yn」の値を「DA 変換器」に出力します。

第6章 「シリアル通信」機能を使う

「UART[49]」を使って「シリアル通信」を行なうために、「Mbed」では、「オフィシャル・ライブラリ」として提供されている「Serial クラス」を使うことができます。

この「クラス」は「受信割り込み」も「送信割り込み」もサポートしています。

そのため、「受信割り込み」を利用するプログラムは、簡単に書けます。

しかし、「送信割り込み」を利用するプログラムは、その方法を知らなければ、うまく書くことができません。

＊

この章では、「送信割り込み」を利用しない場合に、問題が現われるプログラムを最初に示します。

次に、「送信割り込み」を利用するための「クラス」を作ります。

最後に、その「送信割り込み」を利用する「クラス」を使って、最初の問題を解決するプログラムを示します。

6.1 「送信割り込み」を使わない場合に問題が起きるプログラム

■ 6-1-1 「送信割り込み」を使わないプログラム

図1の「RGB フルカラー LED」の回路を使い、この「LED」を駆動するプログラムに、PC 側の「端末エミュレーション」用のソフトと通信を行なう部分を組み合わせたプログラムをリスト1に示します。

また、このプログラムのファイル構成を図2に示します。

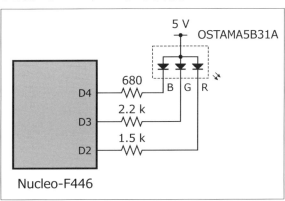

図1 「RGB フルカラー LED」の回路図

図2 リスト1のプログラム「IO_Serial_Tx_NoIntr」のファイル構成

---

[49] 本書で使っている「マイコン」では、「USART」が内蔵されていますが、これは「UART」としても使うこともできます。

111

リスト1　IO_Serial_Tx_NoIntr¥main.cpp

```
 1: //-------------------------------------------------------------------
 2: //   USART による送信で，送信割込みを使わない場合に，不都合が発生することを確認する
 3: //      使用 LED :    D2: R, D3: G, D4: B
 4: //
 5: //   ターミナルソフトを立ち上げ，キーボードから文字を一つ入力すると，
 6: //   その同じ 300 個の文字がターミナルに送信される
 7: //
 8: //   LED の発光色は 10 ms ごとに切り替わる
 9: //   このプログラムは送信割込みを使わないので，送信している間は LED の発光色の
10: //   切替えは止まる
11: //
12: // 2020/02/03, Copyright (c) 2020 MIKAMI, Naoki
13: //-------------------------------------------------------------------
14:
15: #include "SetOutputPortType.hpp"
16: #pragma diag_suppress 870      // マルチバイト文字使用の警告抑制のため
17: using namespace Mikami;
18:
19: Serial pc_(USBTX, USBRX);
20: BusOut busOut_(D2, D3, D4);
21: const int COUNT_ = 300;       // 送信する回数
22:
23: void Tx(char chr)
24: {
25:     if (chr == '\r') pc_.puts("\r\n");
26:     else             for (int n=0; n<COUNT_; n++) pc_.putc(chr);
27:     pc_.puts("\r\n");
28: }
29:
30: // 受信割込みに対する割り込みサービス・ルーチン（同じ文字を 300 回送信）
31: void RxIsr()
32: {
33:     char chr = pc_.getc();
34:     if ((0x1 <= chr) && (chr <= 0x7F)) Tx(chr);
35: }
36:
37: int main()
38: {
39:     printf("\r\n送信割込みを使用しない場合に，処理が中断されることを確認する\r\n");
40:
41:     SetOpenDrain(D2);
42:     pc_.attach(&RxIsr);         // 受信割込みに対する ISR の割当て
43:
44:     uint8_t led = 1;
45:     while (true)
46:     {
47:         busOut_ = ~led;
48:         if ((led *= 2) > 4) led = 1;
49:         wait_ms(10);
50:     }
51: }
```

注釈：
- 19行目 `Serial`：「Mbed」の「オフィシャル・ライブラリ」として提供されている「シリアル通信」用「クラス」
- 20行目：「RBG」フルカラー「LED」
- 19行目 `(USBTX, USBRX)`：「マイコン・ボード」の「USBポート」に対応するシンボル
- 26行目 `pc_.putc(chr)`：puts(), putc() は「Serial クラス」の「メンバ関数」であり，これらでは「送信割込み」は使われていない／同じ文字を 300 回送信する
- 41行目：「D2」を「オープン・ドレイン」に設定する
- 48行目：「LED」の発光色を，赤 ⇒ 緑 ⇒ 青 のように繰り返して切り替えるため

　「Mbed」で「オフィシャル・ライブラリ」として提供されている「**Serial** クラス」の「オブジェクト **pc_**」は、**19 行目**で宣言されています。

　この「オブジェクト」の「引数」である「**USBTX**」と「**USBRX**」は、「マイコン・ボード」と PC との接続で使っている「USB ポート」に対応するシンボルです。

　PC 側への送信は、**23 ～ 28 行目**の「関数 **Tx()**」の中で行なわれます。

　１文字の送信では「putc()」が使われ、複数の文字の送信では「puts()」が使われています。

　いずれの「関数」も、「Serial クラス」の「メンバ関数」で、これらの「関数」では「送信割り込み」は使われていません。

　31 〜 35 行目は「受信割り込み」に対する「割り込みサービス・ルーチン RxIsr()」です。

　このプログラムは、次の２つの働きがあります。

> ①「RGB フルカラー LED」の点灯する色を「赤 ⇒ 緑 ⇒ 青 ⇒ 赤 ⇒ ‥‥」のように、高速（10 ms ごと）に切り替えることを繰り返す。
>
> ②「端末エミュレーション」用のソフトから入力された１文字を受け取ったときに「受信割り込み」発生し、その「割り込みサービス・ルーチン」では、受け取ったのと同じ 300 個の文字を「端末エミュレーション」用のソフトの側に送信する。

■ 6-1-2 「送信割り込み」を使わないプログラムを実行する

　このプログラムは、「LED」の点灯の切り替えを 10 ms という高速で行なうので、通常は三色が全部光っているように見えます。

　「受信割り込み」が発生すると、「送信」を行ないますが、「送信」を行なっている間、「LED」の点灯する色の切り替えが止まり、一色だけが点灯します。

＊

　その理由は、次のようになります。

　この「送信」では、「Mbed」の「オフィシャル・ライブラリ」として提供されている「Serial クラス」の「メンバ関数」である、「puts()」「putc()」を使っています。

　これらの「メンバ関数」は「送信割り込み」を使っていないので、**26 行目**の「for ループ」で 300 回送信している間は、当然ですが、「LED」の点灯を切り替える **47 〜 49 行目**の処理が止まります。

　そのため、「LED」が一色だけが点灯することになります。

● 実行の様子

　「端末エミュレーション」用のソフトである「Tera Term」を使って、このプログラムを実行した場合の様子を**図3**に示します。

　この図は「キーボード」から、"a" を１文字入力した場合で、「マイコン」側のプログラムは、同じ文字を 300 個、「Tera Term」へ送り、これが表示されたところです。

　この文字が表示されている最中は、他の処理が実行されないので、その間は「RGB フルカラー LED」の三色のうち、いずれかの色の「LED」だけが点灯します。

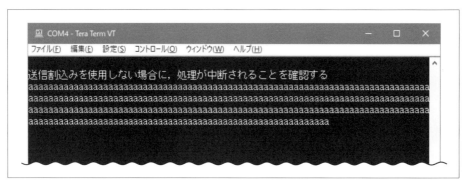

図3 「IO_Serial_Tx_NoIntr」の実行の様子

6.2 「送信割り込み」を使うための「クラス」

6-2-1 「送信割り込み」を使う方法

　本書で使っている「マイコン」は、「シリアル通信」を行なう際は「USART」を使っていますが、この「USART」はもちろん「UART」として使うこともできます。

　「Mbed」の「オフィシャル・ライブラリ」として提供される「Serial クラス」も、この「マイコン」の「USART」を「UART」として使っています。

＊

　最初に、「USART」の送信に関わる部分のブロック図と、送信に関連する「割り込み」の発生要因を**図4**に示します。

　プログラムで送信データを書込む場合は、「送信データ・レジスタ TDR」に書き込みます。直接「送信シフト・レジスタ」に書き込むことはできません。

　「送信データ・レジスタ TDR」に書き込まれたデータは、「送信シフト・レジスタ」のデータがすべて送信されてカラになったときに、自動的に「送信シフト・レジスタ」へ転送されます。

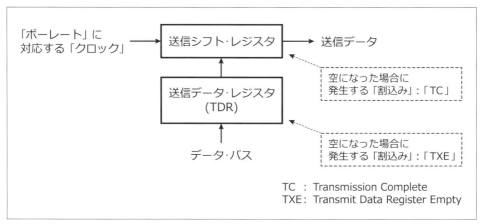

図4 「USART」の送信に関わる部分のブロック図と「割り込み」発生の要因

　送信に関連する「割り込み」には2つありますが、「TC（Transmission Complete）」を使うと効率がよくないので、通常は「TXE（Transmit Data Register Empty）」を使います。

　そのため、これから作る「クラス」でも「TXE」による「割り込み」を使います。

＊

「送信割り込み」を使う「クラス」を作る際は、次のように考えます。

---

① 送信データを書込む場合、「送信データ・レジスタ TRD」がカラで「キュー」もカラであれば、ただちに「送信データ・レジスタ TRD」にデータを書き込む。

それ以外は、「キュー」で作られる「バッファ」に書き込む。

② 「送信割り込み」に対応する「割り込みサービス・ルーチン」では、「キュー」がカラでなければ先頭のデータを取り出し、そのデータを「送信データ・レジスタ」に書き込む。

「キュー」がカラであれば「送信割り込み」を禁止する。

■ 6-2-2 「送信割り込み」を使う「クラス」を作る

「シリアル通信」で、送信の際に「送信割り込み」を使う「クラス」を**リスト2**に示します。

リスト2　「USART」による「シリアル送信」で「送信割り込み」を使う「SerialTxIntr クラス」

(a)　「クラス」の定義　（SerialTxRxIntr¥SerialTxIntr.hpp）

```
 1: //----------------------------------------------------------
 2: //  Nucleo ボードの USB コネクタに対応するシリアルポート送信割込みで
 3: //  キャラクタの送信をサポートするクラス
 4: //
 5: //  2020/02/05, Copyright (c) 2020 MIKAMI, Naoki
 6: //----------------------------------------------------------
 7:
 8: #include "mbed.h"
 9: #include <queue>          ← 「STL」の「queue クラス」を使うためのヘッダ
10: #include <string>         ← 「STL」の「string クラス」を使うためのヘッダ
11:
12: #ifndef SERIAL_TX_INTR_HPP
13: #define SERIAL_TX_INTR_HPP
14:
15: namespace Mikami
16: {
17:     class SerialTxIntr
18:     {
19:     public:
20:         explicit SerialTxIntr(Serial &tx);   // コンストラクタ
21:         void TxChar(char c);         // 1文字の送信
22:         void TxString(string str);   // 文字列の送信
23:
24:     private:          「キュー」の働きをする「STL」で提供されている「クラス」
25:         Serial &tx_;              // シリアルポートに対応するオブジェクトの参照
26:         queue<char> que_;         // FIFO による送信用バッファ
27:         USART_TypeDef* const USART_; ← 「USART」の「レジスタ」に対応する「構造体」の「ポインタ」
28:
29:         // TDR へ書込み
30:         void WriteTDR(char ch) { USART_->DR = ch; } ← 「USART」の「送信レジスタ (TDR)」への書込み
31:         // 送信割込み許可
32:         void EnableTxIntr() { USART_->CR1 |= USART_CR1_TXEIE; }
33:         // 送信割込み禁止
34:         void DisableTxIntr() { USART_->CR1 &= ~USART_CR1_TXEIE; }
```

```
35:        // TDR が空の場合に true を返す
36:        bool IsTdrEmpty()
37:        { return (USART_->SR && USART_SR_TXE_Msk) == USART_SR_TXE; }
38:
39:        void TxIsr();  ← // シリアルポート送信割込みサービスルーチン
40:
41:        // コピー・コンストラクタ, 代入演算子の禁止のため
42:        SerialTxIntr(const SerialTxIntr&);
43:        SerialTxIntr& operator=(const SerialTxIntr&);
44:    };
45: }
46: #endif  // SERIAL_TX_INTR_HPP
```

> この「割込みサービス・ルーチン」「TxIsr()」は「static 関数」になっていないが, この「クラス」では, 「Mbed」の「オフィシャル・ライブラリ」の「Serial::attach()」を使って, 「割込みサービス・ルーチン」の割当てを行うので問題はない

(b) 「メンバ関数」の定義 (SerialTxRxIntr\SerialTxIntr.cpp)

```
 1: //--------------------------------------------------------------
 2: //  Nucleo ボードの USB コネクタに対応するシリアルポート送信割込みで
 3: //  キャラクタの送信をサポートするクラス
 4: //
 5: //  2020/02/05, Copyright (c) 2020 MIKAMI, Naoki
 6: //--------------------------------------------------------------
 7:
 8: #include "SerialTxIntr.hpp"
 9:
10: namespace Mikami
11: {
12:    // コンストラクタ
13:    SerialTxIntr::SerialTxIntr(Serial &tx) : tx_(tx), USART_(USART2)
14:    {
15:        tx_.attach(callback(this, &SerialTxIntr::TxIsr), Serial::TxIrq);
16:    }
17:
18:    // 1文字の送信
19:    void SerialTxIntr::TxChar(char c)
20:    {
21:        DisableTxIntr();                 // 送信割込み禁止
22:
23:        // 送信レジスタ (TDR) が空でかつ送信バッファが空かどうか調べる
24:        if ( que_.empty() && IsTdrEmpty() )  // 両者が空の場合
25:            WriteTDR(c);                 // 送信レジスタにデータを書き込む
26:        else                             // 少なくとも一方が空ではない場合
27:            que_.push(c);                // 送信バッファにデータを格納
28:
29:        EnableTxIntr();                  // 送信割込み許可
30:    }
31:
32:    // 文字列の送信
33:    void SerialTxIntr::TxString(string str)
34:    {
35:        for (int n=0; n<str.size(); n++) TxChar(str[n]);
36:    }
37:
38:    // シリアルポート送信割込みサービスルーチン
39:    void SerialTxIntr::TxIsr()
40:    {
41:        if (!que_.empty())
42:        {
43:            WriteTDR(que_.front());  // 送信用バッファから取り出したデータを TDR へ書き込む
44:            que_.pop();              // 先頭のデータを消去
45:        }
46:        else
47:            DisableTxIntr();         // 送信割込み禁止
48:    }
49: }
```

> 「USART2」とは, 「Mbed」の「オフィシャル・ライブラリ」で使っている「USART」に対応するシンボル

> 「送信割込み」で使うので, 「引数」でこれを指定する必要がある

> 「queue クラス」では, front() で先頭のデータを取出しただけでは, そのデータは除去されないので, pop() で除去する必要がある

●「クラス」の定義

このプログラムでは「STL（Standard Template Library）」を使っているので、対応する「ヘッダ」を「インクルード」する必要があります。

9行目が「queueクラス」、10行目が「stringクラス」の「ヘッダ」の「インクルード文」です。

＊

「USART」の「レジスタ」をアクセスする「関数」は「インライン関数」[50]として、29～37行目にまとめて書いています。

「USART」の「レジスタ」は、「USART構造体」を使ってアクセスしているので、リスト2のプログラムで使っているこの「構造体」の「メンバ」を図5に示します。

```
typedef struct
{
    __IO uint32_t SR;    // ステータス・レジスタ
    __IO uint32_t DR;    // データ・レジスタ※
    .....
    __IO uint32_t CR1;   // コントロール・レジスタ1
    .....
} USART_TypeDef;
```

※ 「USART」の「データ・レジスタ」には「送信データ・レジスタ（TDR）」と「受信データ・レジスタ（RDR）」があるが、「データ・レジスタ」のシンボルは「DR」だけになっている. 実際には、「DR」に書き込む場合は「TDR」への書込みに、「DR」から読み出す場合は、「RDR」からの読出しになる.

図5　「USART」の「レジスタ」に対応する「構造体」「USART_TypeDef」
― 定義されているファイル：stm32f446xx.h ―

この「メンバ」には「送信データ・レジスタTRD」がないように見えます。

代わりに「データ・レジスタRD」があります。

プログラムで「送信データ・レジスタTRD」に書き込む場合は、「データ・レジスタRD」に書き込むようにプログラムを書きます。

「データ・レジスタRD」にデータを書き込めば、実際にはデータを「送信データ・レジスタTRD」に書き込んだことになります。

リスト2のプログラムで使っている「マクロ」については、図6に示します。

---

[50]「クラス」の内部に「メンバ関数」の「プロトタイプ宣言」だけでなく、その「関数」が行なう処理も定義する場合、「メンバ関数」は、頭に「inline」を付けなくても、自動的に「インライン関数」になります。

```
    .....
#define USART_SR_TXE_Pos      (7U)
#define USART_SR_TXE_Msk      (0x1U << USART_SR_TXE_Pos)
#define USART_SR_TXE          USART_SR_TXE_Msk        // 送信データ・レジスタ空
    .....
#define USART_CR1_TXEIE_Pos   (7U)
#define USART_CR1_TXEIE_Msk   (0x1U << USART_CR1_TXEIE_Pos)
#define USART_CR1_TXEIE       USART_CR1_TXEIE_Msk     // 割込みイネーブル
    .....
```

図6 「USART」のための「クラス」で使う「マクロ」
— 定義されているファイル：stm32f446xx.h —

「割り込みサービス・ルーチン TxIsr()」の「プロトタイプ宣言」は**39行目**です。

この「割り込みサービス・ルーチン」は「static関数」になっていないことに注目してください。

この「クラス」では、「割り込みサービス・ルーチン」の割り当てを、「Mbed」の「オフィシャル・ライブラリ」として提供される「Serialクラス」の「メンバ関数attach()」で行ないます。

この場合には、**第3章**で説明したように、「static関数」にする必要はありません。

●「メンバ関数」の定義
・「コンストラクタ」

「コンストラクタ」の「メンバ初期化」の設定で、「USART」の「レジスタ」に対応する「構造体 USART_TypeDef」の「ポインタ」に対して「USART2」[51]を割り当てています。

「コンストラクタ」では「Serialクラス」の「メンバ関数attach()」を使い、「送信割り込み」に対する「割り込みサービス・ルーチン TxIsr()」の割り当てを行なっています。

・メンバ関数 TxChar()

この「メンバ関数」は1文字を送信します。
ここで行なっている処理の流れを**図7**に示します。

最初に**21行目**で、「送信割り込み」を禁止します。

次に、**24行目**で「送信データ・レジスタ」と「キュー」が両者ともカラかどうか調べます。

---

[51] 「USART2」は、本書で使っている「マイコン」で「Mbed」の「オフィシャル・ライブラリ」の「Serialクラス」を使う際に使われるシンボルです。
　そのため、「Mbed」の「オフィシャル・ライブラリ」の「Serialクラス」を使っていたとしても「マイコン」が違えば、シンボルが別のものになっている可能性があるので、注意する必要があります。

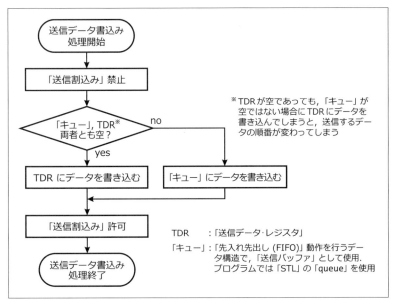

図7 「シリアル・ポート」へ送信データの書き込みを行なう「メンバ関数 TxChar()」の処理の流れ

両者ともにカラであれば、「送信データ・レジスタ」にデータを書き込みます。

「送信データ・レジスタ」と「キュー」の少なくともいずれかがカラではない場合、「キュー」にデータを書き込みます。

最後に、「送信割り込み」を許可して、この「関数」を終了します。

ここで、「送信データ・レジスタ」がカラの場合に、ただちに「送信データ・レジスタ」へデータを書き込んでもかまわないのではという疑問がわくかもしれません。
しかし、「送信データ・レジスタ」がカラであっても「キュー」がカラではない場合に、「送信データ・レジスタ」へデータを書き込んでしまうと、送信するデータの順番が変わってしまいます。

この「メンバ関数」は最初に「送信割り込み」を禁止しています。
これをしない場合、好ましくない動作が発生する可能性があるので、注意を要します。

たとえば、この「メンバ関数」は「キュー」がカラで、「送信データ・レジスタ」がカラでない場合には、「キュー」にデータを書き込むことになります。
しかし、「キュー」へのデータの書き込みが終了する前に、「送信データ・レジスタ」がカラになり「送信割り込み」が発生すると、「割り込みサービス・ルーチン TxIsr()」がよばれ、その中で「キュー」がカラかどうか調べます。
その時点でも「キュー」がカラであれば、「送信割り込み」は禁止されます。
その後、「キュー」へのデータの書き込みが完了するので、そうすると、「キュー」のデータが送信されずに残ってしまいます。

もちろん、次に「TxChar()」が呼ばれれば、この「キュー」に残ったデータは送信されます。

しかし、次に「TxChar()」が呼ばれるまで時間が空いてしまえば、それまでは、データの送信が途切れてしまい効率よく通信することができなくなります。

・メンバ関数 TxString()

この「メンバ関数」は、「引数」で与えられる「string型」のデータを、TxChar()を使って送信します。

・割り込みサービス・ルーチン TxIsr()

「割り込みサービス・ルーチン TxIsr()」で行なっている処理の流れを**図8**に示します。

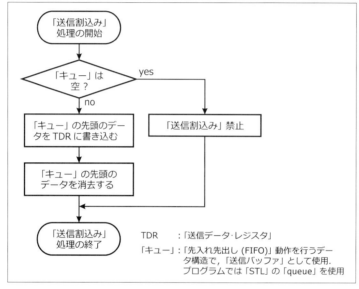

図8 「シリアル・ポート」の「送信割り込み」に対する「割り込みサービスルーチン TxIsr()」の処理の流れ

最初に**41行目**で「キュー」がカラかどうか調べます。

「キュー」がカラでない場合は、**43行目**で「キュー」の先頭のデータを「送信データ・レジスタ」に書き込みます。

その後、**44行目**で「キュー」の先頭のデータを消去します。

ここで、なぜ「front()」の次に「pop()」を実行するのか、疑問がわくかもしれません。

その理由ですが、じつは「front()」では先頭のデータを取り出すことは行ないません。

この関数は、先頭のデータの「コピー」を取得するだけで、そのデータはまだ「キュー」の中に残っています。

そのため、「pop()」[52] を使って、先頭のデータを取り除く必要があります。

---

[52] コンピュータに関する用語で「pop」があります。

この「pop」は「スタック」から「トップ」にあるデータを取り出して、そのデータは「スタック」から取り除くという意味で、通常は使われます。

その連想で、「STL」の「queueクラス」の「pop()」もそのように働くと考えてしまうと、理解できないと思います。

「queueクラス」の「pop()」には、「キュー」の先頭のデータを取り出す機能はなく、先頭のデータを取り除くだけです。

「キュー」がカラであれば、送信すべきデータは残っていないので、「送信割り込み」を禁止して、この「関数」を終了します。

6.3 「送信割り込み」を使い問題が起きないように改良したプログラム

6-2で作った「SerialTxIntrクラス」は「送信割り込み」を使って、「シリアル送信」を行ないます。

そのため、**リスト1**のプログラムのように、データを送信している間は「RGBフルカラーLED」の点灯する色の切り替えが止まるということがないプログラムを作れます。

そのプログラムを**リスト3**に示します。
また、このプログラムのファイル構成を**図9**に示します。

リスト3　IO_Serial_Tx_UsingIntr¥main.cpp

```
 1: //-------------------------------------------------------------
 2: // USART による送信で, 送信割込みを使う場合に, 不都合が発生しないことを確認する
 3: //    使用 LED:   D2: R, D3: G, D4: B
 4: //
 5: // ターミナルソフトを立ち上げ, キーボードから文字を一つ入力すると,
 6: // その同じ 300 個の文字がターミナルに送信される
 7: //
 8: // LED の発光色は 10 ms ごとに切り替わる
 9: // このプログラムは送信割込みを使うので, 送信している間も LED の発光色の切替えは
10: // 止まらない
11: //
12: // 2020/02/05, Copyright (c) 2020 MIKAMI, Naoki
13: //-------------------------------------------------------------
14:
15: #include "SerialTxIntr.hpp"
16: #include "SetOutputPortType.hpp"
17: #pragma diag_suppress 870    // マルチバイト文字使用の警告抑制のため
18: using namespace Mikami;
19:
20: Serial pc_(USBTX, USBRX);
21: SerialTxIntr tx_(pc_);
22: BusOut busOut_(D2, D3, D4);
23: const int COUNT_ = 300;      // 送信する回数
24:
25: void Tx(char chr)
26: {
27:     if (chr == '\r') tx_.TxString("\r\n");
28:     else             for (int n=0; n<COUNT_; n++) tx_.TxChar(chr);
29:     tx_.TxString("\r\n");
30: }
31:
32: // 受信割込みに対する割り込みサービス・ルーチン（同じ文字を 300 回送信）
33: void RxIsr()
      （「関数」RxIsr() の内容はリスト1と同じなので省略）
39: int main()
40: {
41:     printf("\r\n送信割込みを使用する場合に, 処理が中断されないことを確認する\r\n");
      （この部分はリスト1と同じなので省略）
53: }
```

「Mbed」の「オフィシャル・ライブラリ」として提供されている「シリアル通信」用「クラス」

「RBG」フルカラー「LED」

「送信割込み」を利用して「シリアル送信」を行う「クラス」

TxString(), TxChar() では「送信割込み」が使われている

同じ文字を 300 回送信する

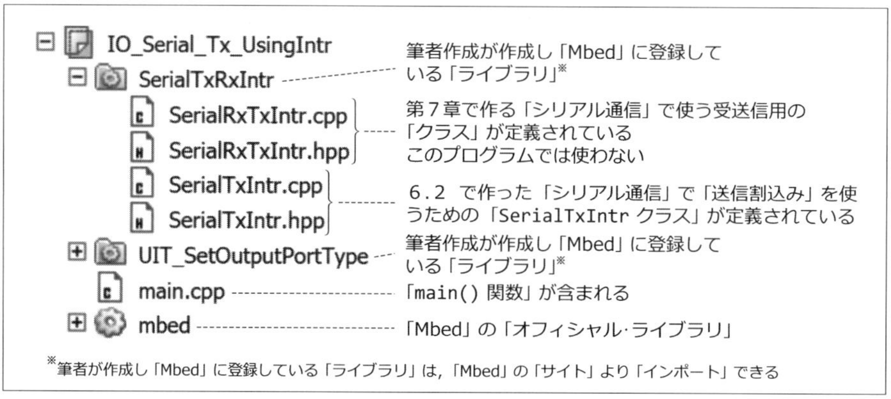

図9　リスト3のプログラム「IO_Serial_Tx_UsingIntr」のファイル構成

　このプログラムは、「シリアル送信」で、「送信割り込み」を使う「SerialTxIntr クラス」を使っています。

　リスト1との違いは、データを送信する「関数」が次のように変更になっている点です。

リスト1	リスト3
pc_.putc()	tx_.TxChar()
pc_.puts()	tx_.TxString()

　これを除けば、基本的にリスト1と同じ構造になっています。

第 **2** 部

応用編

第2部では、第1部の応用編として、「マイコン」と「パソコン」とのコラボレーションで実現できる「Mbed」のプログラムの事例について解説します。

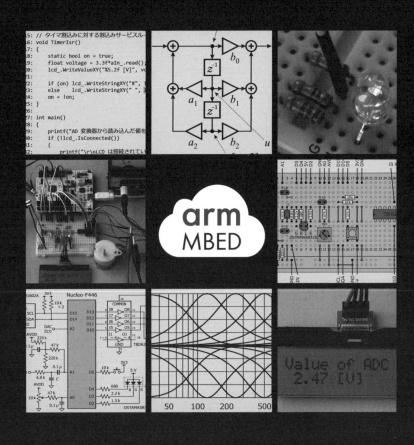

第7章 「端末エミュレーション」用のソフトで 「マイコン」をコントロールする方法

> 「マイコン」側のプログラムを、PC の「端末エミュレーション」用のソフトでコントロールできればいろいろと面白いプログラムを作れます。
> 「Mbed」の「オフィシャル・ライブラリ」では「シリアル通信」用の「クラス」が提供されているので、これを使えば、「マイコン」側のプログラムのコントロールは可能です。
> しかし、これを使うたびに作るのは大変なので、汎用的に使える「クラス」を作ります。
> また、その簡単な応用例も示します。

7.1 「シリアル通信」で、「送／受信」に「割り込み」を使う「クラス」

「シリアル通信」の際に、「送信割り込み」を使う「クラス」は、**第6章**で作りました。
「受信割り込み」を使う場合は、「Mbed」の「オフィシャル・ライブラリ」の「Serial クラス」を使えます。

しかし、この「クラス」だけでは、コントロールする側から「送信」された「コード」が複数の文字のような場合、その「送信」が終了したことを確認してから、それまでに「受信」した「コード」を利用するような処理にする必要があります。

しかし、この処理を使うたびに作っていたのでは大変です。
そこで、ここでは次のような「クラス」を作ります。

---

[1] 「受信」、「送信」ともに「割り込み」を利用する。
[2] 「受信割り込み」および「送信割り込み」に対する「割り込みサービス・ルーチン」は「クラス」内に作る
[3] 「受信」する場合は、複数の「コード」と、送り側の「終了コード」を受け取ってから、はじめてその「コード」を利用できるようにする
[4] 「終了コード」は「¥r」[53] とする

この「クラス」を**リスト1**に示します。

---

[53] 使っている「フォント」によっては "¥" ではなく "\" と表示される場合もあります。

リスト1　(a)　「クラス」の定義　（SerialTxRxIntr¥SerialRxTxIntr.hpp）

```
 1: //----------------------------------------------------------------
 2: // Nucleo ボードの USB コネクタに対応するシリアルポート受送信割込みで
 3: // 複数のキャラクタ受送信をサポートするクラス
 4: //
 5: // "\r" を受信した場合に，複数キャラクタの受信の終了とする
 6: // キャラクタの数はデフォルトで 32 まで
 7: //
 8: // ボーレートのデフォルト値は 9,600 boud
 9: // Nucleo-F446RE の場合，ファームウェアの更新をしなくても
10: // 115,200 boud までは動作可能
11: //
12: // 2020/02/05, Copyright (c) 2020 MIKAMI, Naoki
13: //----------------------------------------------------------------
14:
15: #include "mbed.h"
16: #include <string>  ◄────────  「STL」の「string クラス」を使うためのヘッダ
17: #include "SerialTxIntr.hpp"
18:
19: #ifndef SERIAL_RXTX_INTR_HPP
20: #define SERIAL_RXTX_INTR_HPP
21:
22: namespace Mikami
23: {
24:     class SerialRxTxIntr                     「ボーレート」の「デフォ
25:     {                                         ルト値」は 9,600 baud
26:     public:
27:         SerialRxTxIntr(int maxChar = 32, int baud = 9600);  // コンストラクタ
28:         bool IsEol();    // メッセージの終了であればそのメッセージを保存し true を返す
29:         string GetBuffer() { return buffer2_; }          // バッファの内容を取得
30:         void EchobackEnable() { echoOn_ = true; }        // エコーバック ON
31:         void EchobackDisable() { echoOn_ = false; }      // エコーバック OFF
32:         void TxString(string str) { tx_ .TxString(str); } // 文字列の送信
33:
34:     private:             「シリアル通信」をサポートする「Mbed」の
35:         Serial pc_;       「オフィシャル・ライブラリ」の「クラス」
36:         SerialTxIntr tx_;  ◄───  "SerialTxIntr.hpp" の中で定義されている「クラス」
37:
38:         const int RX_MAX_;   // 受信バッファのサイズ
39:         __IO bool eol_;      // "\r" を受信した場合に true
40:         string rxBuffer_;    // 受信バッファ
41:         string buffer2_;     // 受信バッファの内容を保存しておくバッファ
42:         bool echoOn_;        // エコーバックの有無
43:
44:         // シリアル・ポートの受信割り込みに対する割り込みサービス・ルーチン
45:         void RxIsr();  ◄─
46:                                    この「割込みサービス・ルーチン」「RxIsr()」は
47:         // コピー・コンストラクタ，代入演算子の禁止のため    「static 関数」になっていないが，この「クラス」
48:         SerialRxTxIntr(const SerialRxTxIntr&);           では，「Mbed」の「オフィシャル・ライブラリ」の
49:         SerialRxTxIntr& operator=(const SerialRxTxIntr&);  「Serial::attach()」を使って，「割込みサービ
50:     };                                                   ス・ルーチン」の割当てを行うので問題はない
51: }
52: #endif  // SERIAL_RXTX_INTR_HPP
```

(b)　「メンバ関数」の定義（SerialTxRxIntr¥SerialRxTxIntr.cpp）

```
 1: //----------------------------------------------------------------
 2: // Nucleo ボードの USB コネクタに対応するシリアルポート受送信割込みで
 3: // 複数のキャラクタ受送信をサポートするクラス
 4: //
 5: // 2020/02/05, Copyright (c) 2020 MIKAMI, Naoki
 6: //----------------------------------------------------------------
 7:
 8: #include "SerialRxTxIntr.hpp"
 9:
10: namespace Mikami
```

```
11: {
12:     // コンストラクタ
13:     SerialRxTxIntr::SerialRxTxIntr(int maxChar, int baud)
14:         : pc_(USBTX, USBRX, baud), tx_(pc_), RX_MAX_(maxChar),
15:           eol_(false), rxBuffer_(""), buffer2_(""), echoOn_(false)
16:     {
17:         pc_.format();    // default: 8 bits, nonparity, 1 stop bit
18:         pc_.attach(callback(this, &SerialRxTxIntr::RxIsr));
19:     }
20:
21:     // メッセージの終了であればそのメッセージを保存し true を返す
22:     bool SerialRxTxIntr::IsEol()
23:     {
24:         if (!eol_) return false;
25:
26:         eol_ = false;
27:         buffer2_ = rxBuffer_;   // メッセージの保存
28:         rxBuffer_ = "";         // 受信バッファをクリア
29:         return true;
30:     }
31:
32:     // シリアル・ポートの受信割り込みに対する割り込みサービス・ルーチン
33:     void SerialRxTxIntr::RxIsr()
34:     {
35:         unsigned char chr = pc_.getc();
36:         if (echoOn_)         // エコーバックが有効な場合
37:         {
38:             tx_.TxChar(chr);       // エコーバック
39:             if (chr == '\r') tx_.TxChar('\n');
40:         }
41:         // "\r" を受信した場合はメッセージの終了とする
42:         // "\r" は rxBuffer_ に追加されない
43:         if (chr == '\r') eol_ = true;
44:         else             rxBuffer_ += chr;
45:
46:         // 受信するメッセージの文字数のチェック
47:         if (rxBuffer_.size() > RX_MAX_)
48:         {
49:             char ch[32];
50:             sprintf(ch, "Exceeded %d characters", RX_MAX_);
51:             mbed_assert_internal(ch, __FILE__, __LINE__);
52:         }
53:     }
54: }
```

「マイコン・ボード」の「USB ポート」に対応するシンボル

「ボーレート」

「受信割込み」に対する「割込みサービス・ルーチン」を割り当てる

次の「受信」の準備を行う

「受信」した「コード」を取得する

「受信」した「コード」が「\r」の場合は，「受信」した「コード」が終了したので，eol_ を true にする

「受信」した「コード」が「\r」でない場合は，「受信バッファ」rxBuffer_ の末尾に，それを追加する

「エラー・メッセージ」を「端末エミュレーション」用ソフトで「PC」の画面に表示し，プログラムの実行を停止する

　ここで作った「SerialRxTxIntr クラス」は「Mbed」に登録していますので、「Mbed」のサイトから自由に「インポート」して使えます。

■「クラス」の定義

　このプログラムでは、**第6章**で作った「SerialTxIntr クラス」を利用します。
　これが定義されているファイルを「インクルード」するのが、**17行目**です。

　「コンストラクタ」は2つの「引数」をもっています。

　「第一引数 maxChar」は PC 側から「送信」された「コード」を一時的に格納するために使う「バッファ」のサイズです。

この「バッファ」には「終了コード」が送られるまでの「コード」が、「終了コード」を除いて格納されます。
この「バッファ」のサイズの「デフォルト値」は「32」です。

「第二引数 baud」は「ボーレート」で、特に「ボーレート」を指定しない場合は「9,600 baud」になるように、「引数 baud」の「デフォルト値」を「9600」に設定しています。

「端末エミュレーション」用のソフトで「マイコン」をコントロールする場合は、「端末」側から「送信」された「コード」を、そのまま送り返す（「エコーバック」する）機能もあったほうが使いやすいので、「エコーバック」を「ON」にしたり「OFF」にしたりする機能を実現する「メンバ関数」が、30、31行目にあります。

「割り込みサービス・ルーチン RxIsr()」の「プロトタイプ宣言」は45行目です。
この「割り込みサービス・ルーチン」は「static 関数」にしていません。
その理由は第6章で作った「SerialTxIntr クラス」の場合と同じなので、そちらを参照してください。

■「メンバ関数」の定義

● コンストラクタ
「コンストラクタ」は、「Serial クラス」の「オブジェクト pc_」に、「format()」で、デフォルト状態の設定を行ないます。

次に、「受信割り込み」が発生した場合の「割り込みサービス・ルーチン」として、この「クラス」の「メンバ関数 RxIsr()」を割り当てています。
*
なお、「ボーレート」は、14行目の「メンバ初期化」機能を使い「pc_(USBTX, USBRX, baud)」で「初期化」する際に、「コンストラクタ」の「引数」として与えられている「baud」で設定しています。
また、「USBTX」と「USBRX」は、「マイコン・ボード」と PC との接続で使っている「USB ポート」に対応するシンボルです。

● メンバ関数 IsEol()
「割り込みサービス・ルーチン RxIsr()」では、「送信」側から送られてきた「コード」が「終了コード」であれば、「eol_」を「true」に設定します。

そこで、この「メンバ関数 IsEol()」では、24行目にあるように、最初に「eol_」を調べます。
「eol_」が「true」でなければ、ただちに「false」を返し、終了します。
「eol_」が「true」であれば、それまでに送られた「コード」を buffer2_ に格納し、「true」を返し、終了します。

● 割り込みサービス・ルーチン RxIsr()

最初に、「受信」した「コード」を取得します。

このとき、「エコーバック」が有効な状態であれば、同じ「コード」を「端末」側に「送信」します。

さらに、「受信」した「コード」が「¥r」であれば、続けて「¥n」を送信します。

いずれの「送信」でも、「tx_.TxChar()」が使われていますが、ここでは「SerialTxIntr クラス」の「メンバ関数 TxChar()」が使われているので、「送信割り込み」が使われています。

＊

43 行目では、「受信」した「コード」が「¥r」かどうかを調べています。

「¥r」の場合には、「端末」から「送信」された「コード」の終了になるので、「データ・メンバ」の「eol_」を「true」に設定します。

「¥r」でなければまだ終了ではないので、「バッファ」の「rxBuffer_」の末尾に、その「コード」を追加します。

なお、「¥r」はこの「バッファ」には追加されません。

＊

最後に、**47 行目**からの処理で、「端末」から「送信」された「コード」の数をチェックし、「RX_MAX_」に設定されている規定の数をオーバーしたら、**51 行目**の「mbed_assert_internal()」を使い「端末エミュレーション」用ソフトで PC の画面に「エラー・メッセージ」を出し、プログラムの実行が停止します。

7.2 「端末エミュレーション」用のソフトで「マイコン」をコントロールする

図1に示す「RGB フルカラー LED」を使い、この各色の「LED」の「点灯／消灯」の状態を「端末エミュレーション」用ソフトからコントロールするプログラムを作ります。

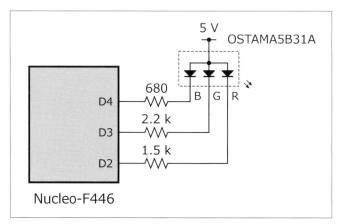

図1　「RGB フルカラー LED」の回路図

このプログラムは、「端末エミュレーション」用ソフトから、**図1**の、「R」、「G」、「B」の各「LED」の「点灯／消灯」の状態を個別にコントロールできます[54]。

---

[54] **第2章**でもこれに似たプログラムとして「IO_RGB_LED_OD_Hex」を作っていますが、この場合は複数の色を同時に点灯することはできませんでした。

　たとえば、次のように、「端末エミュレーション」用ソフトから入力すると、「R」と「B」が点灯し、「G」が消灯する状態になります。

> 「rb ⏎ 」、⏎ は「リターン」の「コード」

　そのプログラムを**リスト2**に示します。

リスト2　IO_Terminal_LedRGB¥main.cpp

```cpp
 1: //-------------------------------------------------------
 2: //  端末エミュレーション用ソフトから RBG フルカラー LED の
 3: //  点灯／消灯状態を個別にコントロールする
 4: //
 5: //      使用 LED： OSTAMA5B31A
 6: //      使用端子：   D2: R, D3: G, D4: B
 7: //
 8: // 2020/02/08, Copyright (c) 2020 MIKAMI, Naoki
 9: //-------------------------------------------------------
10:
11: #include "mbed.h"
12: #include  <cctype>             // toupper() で使用
13: #include "SerialRxTxIntr.hpp"
14: #include "SetOutputPortType.hpp"
15: using namespace Mikami;
16: #pragma diag_suppress 870    // マルチバイト文字使用の警告抑制のため
17:
18: int main()
19: {
20:     printf("\r\n最初は R, G, B 全部が点灯します\r\n");
21:     printf("ターミナルから点灯状態をコントロールできます\r\n");
22:     printf("R, G, B, またはその組み合わせを入力し, Enter キーを押し下げます\r\n");
23:     printf("Enter キーのみの場合は消灯します\r\n");
24:
25:     DigitalOut ledR(D2, 0);
26:     SetOpenDrain(D2);
27:     DigitalOut ledG(D3, 0);
28:     DigitalOut ledB(D4, 0);
29:
30:     SerialRxTxIntr rxTx;     // PC との通信用
31:     rxTx.EchobackEnable();   // エコーバックを有効にする
32:
33:     rxTx.TxString("? ");     // プロンプト送信
34:     while (true)
35:     {
36:         if (rxTx.IsEol())        // 受信バッファのデータが有効になった場合の処理
37:         {
38:             string str = rxTx.GetBuffer();
39:             for (int n=0; n<str.size(); n++) str[n] = toupper(str[n]);
40:
41:             ledR = ledG = ledB = 1; // 一旦全部消灯
42:             if (str.find("R") != string::npos) ledR = 0;    // R 点灯
43:             if (str.find("G") != string::npos) ledG = 0;    // G 点灯
44:             if (str.find("B") != string::npos) ledB = 0;    // B 点灯
45:
46:             rxTx.TxString("? ");    // プロンプト送信
47:         }
48:     }
49: }
```

- 25行目への注釈：「R」の「LED」が点灯
- 26行目への注釈：「D2」を「オープン・ドレイン」に設定
- 27行目への注釈：「G」の「LED」が点灯
- 28行目への注釈：「B」の「LED」が点灯
- 35行目への注釈：「リターン (\r)」の「コード」を受け取っていれば「true」を返す
- 38行目への注釈：受信した内容を取得する
- 42行目への注釈：str の中に "R" が見つかった場合，「R」の「LED」を点灯する
- 44行目への注釈：str の中に "B" が見つかった場合この部分は「true」になる

　各色の「LED」は「DigitalOut クラス」を使った「出力ポート」に接続されています。
　図1の接続では、「出力ポート」に「0」を出力した場合に、この「出力ポート」に接続されている「LED」が点灯します。
　このプログラムでは、3つの「出力ポート」は、最初に「0」を出力するように「初期化」しているので、プログラムが開始すると、「R」、「G」、「B」の各「LED」が点灯します。

・34 〜 48 行目

　「while() ループ」の中で、各「LED」の「点灯／消灯」の状態を個別にコントロールしています。

・36 行目

　「メンバ関数 IsEol()」を使い、この時点で「eol_」が「true」になっているかどうかを調べます。
　「eol_」が「true」でなければ「true」になるまで、これを繰り返します。

・38 〜 39 行目

　「eol_」が「true」になっていれば、まず 38 行目で「端末」側から「送信」された「コード」を、「メンバ関数 GetBuffer()」を使って「受信バッファ」から取り出します。
　次に 39 行目で、アルファベットの文字はすべて大文字に変換します。

・41 行目

　その後、41 行目で、「R」「G」「B」の各「LED」を、一旦消灯します。
　次に、「受信バッファ」から取り出した「コード」に「R」、「G」、「B」の文字が含まれているかどうかを、「string クラス」の「メンバ関数 find()」を使って調べます。
　「メンバ関数 find()」は、「引数」で指定した文字列が見つからなければ、「string::npos」を返します。
　つまり、「find()」を使って調べた結果、「string::npos」以外の値が返されれば、その文字列が見つかったことになります。

　たとえば、find() の「引数」に「G」を与えて実行し、「string::npos」以外の値が返されれば「G」が含まれているので、「緑色」の「LED」に対応する「ledG」を「0」に設定し、「G」の「LED」を点灯します。

　「R」「G」「B」のいずれの文字も含まれていなければ、すべての「LED」は消灯したままです。

　リスト2のプログラムを構成するファイルの様子を、図2に示します。

```
┌─ 📄 IO_Terminal_LedRGB
│  ┌─ 📷 SerialTxRxIntr -------------- 筆者作成が作成し「Mbed」に登録している「ライブラリ」※
│  │  📄 SerialRxTxIntr.cpp ⎤
│  │  📄 SerialRxTxIntr.hpp ⎦ ------- この章で作った「SerialRxTxIntr クラス」が
│  │                                  定義されている
│  │  📄 SerialTxIntr.cpp   ⎤
│  │  📄 SerialTxIntr.hpp   ⎦ ------- 第6章で作った「SerialTxIntr クラス」が
│  │                                  定義されている
│  ┌─ 📷 UIT_SetOutputPortType ------ 筆者作成が作成し「Mbed」に登録している「ライブラリ」※
│  │  📄 SetOutputPortType.hpp --- 「SetOpenDarin() 関数」が定義されている
│  📄 main.cpp ------------------------ 「main() 関数」が含まれる
│  ⊞ ⚙ mbed ------------------------- 「Mbed」の「オフィシャル・ライブラリ」
```

※筆者が作成し「Mbed」に登録している「ライブラリ」は，「Mbed」の「サイト」より「インポート」できる

図2　リスト2のプログラム「IO_Terminal_LedRGB」のファイル構成

　「SerialTxRxIntr」と「UIT_SetOutputPortType」は筆者が作成し、「Mbed」に登録しています「ライブラリ」です。

　この章で作った「SerialRxTxIntr クラス」は、「SerialRxTxIntr.hpp」「SerialRxTxIntr.cpp」で定義されています。

　「SerialTxIntr.hpp」「SerialTxIntr.cpp」は、**第6章**で作ったもので、この中で「SerialTxIntr クラス」が定義されています。

第8章 PCの「GUI」で「マイコン」を コントロール

第7章では、PCの「端末エミュレーション」用のソフトで「マイコン」側のプログラムをコントロールする方法について説明しました。

しかし、PCの「GUI」（Graphical User Interface）を使って「マイコン」側のプログラムをコントロールできればもっと面白いプログラムを作れます。

＊

そこで、この章と次の章ではPCの「GUI」を使って、「マイコン」側のプログラムをコントロールする方法を説明します。

この章では、その方法の基本について説明し、次の章では、その応用として、少し規模の大きいプログラムを紹介します。

※ なお、PC側の「GUI」を使うプログラムは、「Visual Studio 2019」の「C#」を使って作ります。

8.1 PCの「GUI」を使って「マイコン」をコントロールするプログラム①

最初に簡単なプログラムを作ります。

図1はPC側のプログラムの実行の様子です。

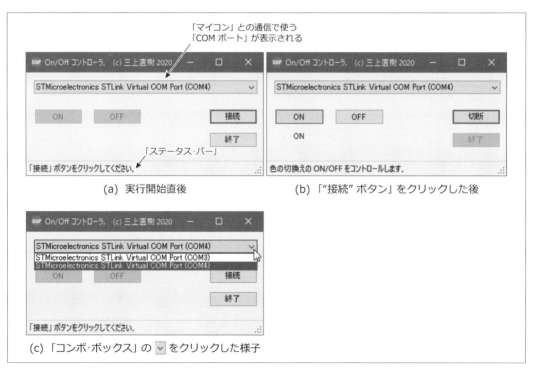

図1　PCで「マイコン」側のプログラムの処理をON/OFFするプログラムの実行の様子

図1(a) は実行開始直後の様子です。

ここで「"接続"ボタン」をクリックすると、**図1(b)** のようになり、「"ON"ボタン」と「"OFF"

ボタン」が使えるようになります。

これで「マイコン」側のプログラムの処理を実行したり止めたりということができます。

*

画面の上方の「コンボ・ボックス」には、「マイコン」との通信で使う「COMポート」が表示されています。

PCと「マイコン・ボード」が「USBケーブル」で接続されていない場合は、「コンボ・ボックス」の表示が空白になります。

また、複数の「マイコン・ボード」が接続されている場合、いちばん大きな番号の「COMポート」が表示されます。

別の「COMポート」を使いたい場合は、「コンボ・ボックス」の右端の ✓ をクリックすると、そのとき使用可能な「COMポート」が、**図1(c)** のように表示されるので、必要なものを選択します。

■ 8-1-1 「マイコン」側のプログラムで使う「クラス」

「マイコン」側のプログラムの考え方は、基本的に**第7章**で説明したものと同じです。

プログラムを作る際に使う「クラス」も、**第7章**と同じ「SerialRxTxIntr クラス」です。

*

表1には、「SerialRxTxIntr クラス」の「メンバ関数」の中で、PCの「GUI」で「マイコン」をコントロールする際に、「マイコン」側のプログラムで使う「メンバ関数」の一覧を示します。

表1 「SerialRxTxIntr クラス」の「メンバ関数」の中で、PCの「GUI」で「マイコン」をコントロールする際に、「マイコン」側のプログラムで使う「メンバ関数」

「メンバ関数」の名前	機能
SerialRxTxIntr	コンストラクタ
IsEol	PCから送られる文字列が終了した場合に，true を返す
GetBuffer	PCから送られる文字列を取り出す
TxString	PCに文字列を送信する

■ 8-1-2 「マイコン」側のプログラム

簡単なプログラムの例として、**図2**に示す外付け回路の「RGBフルカラーLED」の色を順に切り替える処理を、PC側から有効/無効にするというプログラムを作ります。

そのプログラムを、**リスト1**に示します。

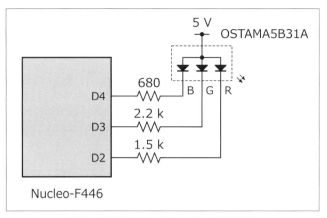

図2 「RGB フルカラー LED」の回路図

リスト1 IO_GuiCtrl_LED_ColorSW¥main.cpp

```
 1: //-------------------------------------------------------------
 2: //   RGB マルチカラー LED の点灯色を切り替える処理の有効/無効を
 3: //   マイコン側からコントロールする
 4: //      使用 LED：   D2: R, D3: G, D4: B
 5: //
 6: //   2020/02/09, Copyright (c) 2020 MIKAMI, Naoki
 7: //-------------------------------------------------------------
 8:
 9: #include "SerialRxTxIntr.hpp"
10: #include "SetOutputPortType.hpp"
11: #pragma diag_suppress 870    // マルチバイト文字使用の警告抑制のため
12: using namespace Mikami;
13:
14: // LED の点灯色を切り替える処理
15: void Switch(BusOut &busOut, uint8_t &led);
16: // 送信された指令に対応する処理を行う
17: void Respond(SerialRxTxIntr &rxtxObj, bool &on);
18:
19: int main()
20: {
21:     SerialRxTxIntr rxTx(32, 115200);    // PC との通信用
22:                                         // ボーレート：115,200 baud
23:     BusOut busOut(D2, D3, D4);          「RGB フルカラー LED」を駆動する「出力ポート」
24:     SetOpenDrain(D2);                   「D2」を「オープン・ドレイン」に設定
25:
26:     uint8_t led = 1;
27:     bool on = true;
28:     while (true)
29:     {
30:         if (on) Switch(busOut, led);
31:         // 受信バッファのデータが有効であれば，送信された指令に対応する処理を行う
32:         if (rxTx.IsEol()) Respond(rxTx, on);
33:     }
34: }                                        「リターン (\r)」の「コード」を受け取っていれば「true」を返す
35:
36: // LED の点灯色を切り替える処理
37: void Switch(BusOut &busOut, uint8_t &led)
38: {
39:     busOut = ~led;
40:     if ((led *= 2) > 4) led = 1;
41:     wait(0.5);
42: }
43:
44: // 送信された指令に対応する処理を行う
45: void Respond(SerialRxTxIntr &rxtxObj, bool &on)
46: {
```

```
47:      string str = rxtxObj.GetBuffer();
48:      if (str == "ENQ")
49:      {
50:          rxtxObj.TxString("ACK\n");      // PC からの "ENQ" に対して "ACK" を送信する
51:          wait(1);
52:          rxtxObj.TxString("M色の切換えの ON/OFF をコントロールします. \n");
53:          rxtxObj.TxString("LON\n");
54:      }
55:      else      // "ENQ" 以外の処理
56:      {
57:          if (str == "ON")  on = true;
58:          if (str == "OFF") on = false;
59:          if ((str == "ON") || (str == "OFF"))
60:              rxtxObj.TxString("L" + str + "\n");
61:      }
62: }
```

「PC」から「"ENQ"」が「送信」されてから0.5秒以内「"ACK"」を送り返さなければ，「PC」は「マイコン」側のプログラムが正常に動いていないと判断する

受信した内容を取得する

「PC」のプログラム開始時に最初に「送信」される文字列

「PC」の「Label」に表示される文字列

「PC」の「ToolStripStatusLabel（ステータス・バー）」に表示される文字列

on が true の場合に Switch() の処理が実行される

「PC」の「Label」に str の内容を表示するために「送信」する

※ TxString() で文字列を送る際に，先頭の1文字により「PC」の側で表示される場所が以下のように異なる
　　　L : Label
　　　M : ToolStripStatusLabel（ステータス・バー）

　このプログラムは、PC側から何も指令が「送信」されていない場合は、外付け回路の「RGBフルカラー LED」の色が、

赤 ⇒ 緑 ⇒ 青 ⇒ 赤 ⇒ ‥‥‥

の順に 0.5 秒ごとに切り替わることを繰り返します。

　PC側からは、「ON」、「OFF」という指令が「送信」され、それに従って、「マイコン」側は「ON」であれば切り替えを実行する、「OFF」であれば切り替えを停止するというように処理がなされます。

● main() 関数
　PC と「マイコン」の通信は、**第7章**で作った「SerialRxTxIntr クラス」を使います。

＊

21行目では、この「クラス」の「オブジェクト rxTx」が「初期化」されています。
ここで、ボーレートを「115,200 baud」に設定しています。

　28行目から始まる「While ループ」では、最初に **30行目**で「変数 on」状態を調べ、**true**であれば「Swich() 関数」で、「LED」の点灯色の切り替えの処理を行ないます。

　次に、**32行目**で、「SerialRxTxIntr クラス」の「メンバ関数 IsEol()」を使い、この時点で「受信」が完了しているかどうかを調べます。
　「受信」が完了していれば、「Respond() 関数」で、PCとの「通信」を行なう処理と、その結果に基づいて、「変数 on」を設定する処理を行ないます。

135

● `Switch()` 関数

「`Swich()` 関数」は「RGB フルカラー LED」の色を 0.5 秒ごとに切り替える処理を行ないます。

---

[1] 最初に **39 行目**で、「変数 led」の値を「反転」して、「RGB フルカラー LED」に接続されている「busOut」に出力します。

値を「反転」しているのは、「busOut」の各「ビット」に「0」を書き込んだときに、対応する「LED」が点灯するようになっているからです。

[2] 次に、**40 行目**では、「変数 led」の値を 2 倍します。

その値が「4」より大きくなれば、「変数 led」の値を「1」にします。

[3] 最後に、0.5 秒の「ウェイト」を入れています。

● 「`Respond()` 関数」

この「関数」は、PC から「送信」された指令に対して、大きく分けて以下のいずれかの処理を行ないます。

---

① "**ENQ**" という文字列を「受信」した場合
② "**ENQ**" 以外の文字列を「受信」した場合

最初に、**47 行目**で、「マイコン」で「受信」した内容を取得します。

次に、①か②のいずれかの処理を行ないます。

---

① "**ENQ**" という文字列を「受信」した場合

PC はプログラム開始時に、"**ENQ**" という文字列を送信します。

「マイコン」側はこれを受け取ったら、PC 側に、"**ACK**" という文字列を「送信」します。

0.5 秒以内にこの「送信」を行なわなければ、PC は、「マイコン」側のプログラムが、正常に動いていないと判断し、その旨を、「ステータス・バー」に表示します。

その後に、PC の「ステータス・バー」や「ラベル」に表示する文字列を「送信」します。

② "**ENQ**" 以外の文字列を「受信」した場合

PC は、プログラム開始時以外は、「マイコン」をコントロールするための指令を送ります。

このプログラムと一緒に使う PC 側のプログラムは、"**ON**" と "**OFF**" という文字列を「送信」します。

そこで、**57 行目**以降では、「受信」した文字列が "**ON**" に対しては「on = true」、"**ON**" に対しては「on = false」という処理を行ないます。

その後、「受信」した文字列が "**ON**" または "**OFF**" であれば、その文字列を PC 側に「送信」します。

＊

なお、PC 側に「送信」する際に、"**ACK**" を「送信」する場合を除き、文字列の先頭の文字には特別な意味をもたせています。

ここでは、"L" と "M" を使っています。

それぞれ、次のような意味になります。

"L"	Label に表示する文字列を送る場合
"M"	ToolStripStatusLabel（ステータス・バー）に表示する文字列を送る場合

蛇足ですが、これはこのプログラムとともに使う PC のプログラムの側で、このような前提でプログラムを作っているからです。

また、PC 側に文字列を「送信」する場合は、「SerialRxTxIntr クラス」の「メンバ関数 TxString()」を使っています。

その際に、文字列の最後は、かならず "¥n"[55] とします。

PC のプログラムでは、"¥n" を受け取ったときに、「送信」の終了であると判断するようになっています。

リスト1のファイルの構成を図3に示します。

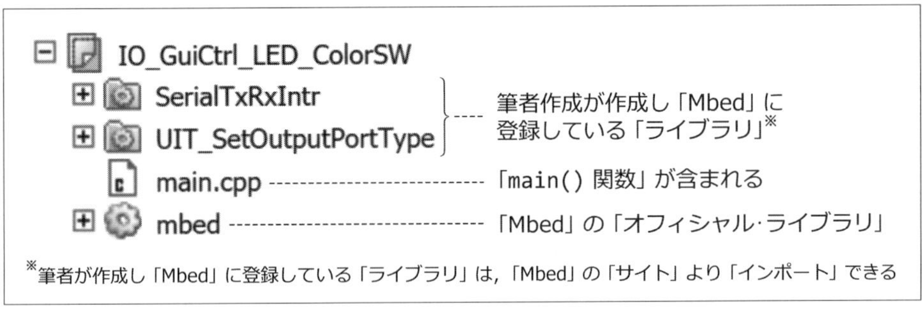

図3　リスト1のプログラム「IO_GuiCtrl_LED_ColorSW」のファイル構成

■ 8-1-3 PC 側のプログラム

本書では、PC 側のプログラムは、説明に必要な最小限の部分だけ示します。

そこで、プログラムの全体は工学社のダウンロード用サイトからもってきたファイルを参照してください。

このプログラムは「フォルダ『PC』」の「F446_OnOff」に、「プロジェクト」の一式が入っています。

このプログラム全体の説明はページ数の関係でできません。

そこで、特に、「マイコン」との通信で使っている「イベント・ハンドラ」や関連する「メソッド」についてだけ説明します。

---

[55] 使っている「フォント」によっては "¥" ではなく "\" と表示される場合もあります。

● イベント・ハンドラ「button1_Click()」

リスト2に、「イベント・ハンドラ button1_Click()」のプログラムを示します。

リスト2　PC側のプログラム「F446_OnOff」の「イベント・ハンドラ button1_Click」
(F446_OnOff¥Form1.cs)

```
41:        // "接続" または "切断" ボタンのクリック
42:        private void button1_Click(object sender, EventArgs e)
43:        {
44:            if (button1.Text == "接続")          ┌「COMポート」を「オープン」する
45:            {
46:                if (!SerialPortOpen())
47:                {
48:                    toolStripStatusLabel1.Text = "必要な COM ポートをオープンできません. ";
49:                    return;
50:                }
51:                button1.Text = "切断";
52:                panel1.Enabled = true;
53:                button2.Enabled = false;
54:                toolStripStatusLabel1.Text = "COM ポートをオープンしました. ";
55:                SendTo("ENQ");              // マイコンへ "ACK" の転送を要求
56:                timer2.Enabled = true;  // timer2 を有効化
57:                radioButton1.Checked = true;
58:            }                ┌「"接続" ボタン」のクリックで, 最初に      ┌「タイム・アウト」をチェックする
59:            else             │「マイコン」側に "ENQ" を「送信」する      │ための「タイマ」をスタートする
60:            {
61:                SerialPortClose();
62:                button1.Text = "接続";
63:                panel1.Enabled = false;
64:                CommonProc.Do(c => ((RadioButton)c).Checked = false,
65:                                    radioButton1, radioButton2);
66:                button2.Enabled = true;
67:                toolStripStatusLabel1.Text = "COM ポートをクローズしました. ";
68:            }
69:        }
```

図1で、"接続"または"切断"と表示される「ボタン」が「button1」で、これをクリックしたときに発生する「イベント」に対する「イベント・ハンドラ」が「button1_Click()」です。

この「イベント・ハンドラ」は、「ボタン」の表示が"接続"と"切断"で、異なった働きをします。

< "接続" の場合 >

この場合は、最初に**46行目**で、「COMポート」を「オープン」する処理を行ないます。

「オープン」に失敗した場合は、その旨を「ステータス・バー」表示し、この「イベント・ハンドラ」を終了します。

「COMポート」が「オープン」できたら、**51行目**でこの「ボタン」に"切断"と表示し、それ以外の「GUI部品」を使用可能な状態に設定し、メッセージを表示します。

次に、**55行目**で、「マイコン」側に、"ENQ"という文字列を「送信」します。

その次に、「timer2」を有効にしていますが、これにより、「マイコン」側からの「送信」

が既定の時間内にあるかどうか監視するための「タイマ」がスタートします。

＜"切断"の場合＞

この場合は、最初に **61 行目**で、「COM ポート」を「クローズ」する処理を行ないます。

次に、**62 行目**で「ボタン」に"接続"と表示し、それ以外の「GUI 部品」を使用できない状態に設定し、メッセージを表示します。

● **イベント・ハンドラ「radioButton1_Click()」**

リスト3に、「イベント・ハンドラ radioButton1_Click()」のプログラムを示します。

リスト3　PC 側のプログラム「F446_OnOff」の「イベント・ハンドラ radioButton1_Click」
(F446_OnOff¥Form1.cs)

```
77:         // 処理を有効/無効にするための指令を送信する
78:         private void radioButton1_Click(object sender, EventArgs e)
79:         {
80:             if ((RadioButton)sender == radioButton1) SendTo("ON");
81:             else                                     SendTo("OFF");
82:         }
```

> 「radioButton1」がクリックされた場合："ON" を「送信」する

> 「radioButton2」がクリックされた場合："OFF" を「送信」する

図1で、"ON"と表示されている「ボタン」が「radioButton1」で、"OFF"が「radioButton2」です。

これらは通常の「ラジオボタン」とは形状が違いますが、これらの「プロパティ」の「Appearance」を「Button」に設定すれば、このような形状になります。

＊

これらをクリックしたときに発生する「イベント」に対する「イベント・ハンドラ」が「radioButton1_Click()」です。

「radioButton1」がクリックされた場合は"ON"という文字列を、「radioButton2」がクリックされた場合は"OFF"という文字列を、それぞれ「SendTo() メソッド」を使って「「マイコン」側に送信」します。

● **イベント・ハンドラ「serialPort1_DataReceived()」**

リスト4に、「イベント・ハンドラ serialPort1_DataReceived()」のプログラムを示します。

リスト4　PC 側のプログラム「F446_OnOff」の「イベント・ハンドラ

```
90:         // データ受信イベントに対応するハンドラ
91:         private void serialPort1_DataReceived(object sender, SerialDataReceivedEventArgs e)
92:         {
93:             if (!serialPort1.IsOpen) return;
94:             try
95:             {
96:                 string data = serialPort1.ReadLine();
97:                 if (data == "ACK")
98:                 {
```

> 「受信」したデータを取得する

```
 97:
 98:
 99:                Invoke(() => timer2.Enabled = false);   // timer2 を無効化
100:                Invoke(() => toolStripStatusLabel1.Text = "マイコン側の準備ができました．");
101:                SendTo("ON");
102:            }
103:            else      // 異なるスレッドの GUI に受信データを書き込む
104:            {
105:                if (data[0] == 'L')      // label1 に表示する
106:                    Invoke(() => label1.Text = data.Substring(1));
107:
108:                if (data[0] == 'M')      // toolStripStatusLabel1 に表示する
109:                    Invoke(() => toolStripStatusLabel1.Text = data.Substring(1));
110:            }
111:        }
112:        catch (Exception ex)
113:        {
114:            ExectionChatch(ex);
115:        }
116:    }
```

「タイムアウト」監視用「タイマ」を無効にする

先頭の文字を消去する

「受信」した文字列の先頭の文字に対応する「GUI 部品」に，「受信」した文字列から先頭を除いた文字列を表示する

　この「イベント・ハンドラ」は、「マイコン」側から「送信」された文字列に対応して、それぞれの処理を行ないます。

　この「イベント・ハンドラ」では注意しなければならない点があります。
　それは、「通信」で使う「スレッド（thread）」と、「GUI 部品」にアクセスする「スレッド」は異なっているということです。
　そのため、ここでは「GUI 部品」をアクセスする場合に「Control.Invoke() メソッド」を使ってアクセスしています。
　ただし、プログラムを書く際にはやっかいです。
　そこで、**リスト5**に示す、「Invoke()」という「メソッド」を作り、これを利用することで、多少ですが、記述の手間を省いています。

　この「イベント・ハンドラ」で行なっている処理では、「例外」が発生する可能性があるので、「try-catch」の構文を使っています。

　96 行目で、「受信」した「マイコン」側からの文字列を取得します。
　この文字列が"ACK"とそれ以外では処理の内容が変わります。

<"ACK"の場合>

　この場合は、PC から「マイコン」側に問い合わせの文字列を送り、「マイコン」側はそれに対して、プログラムが正常に動いていることを表す"ACK"を「送信」したことになります。
　そのため、最初に**99 行目**で、「タイムアウト」を監視している「タイマ timer2」を無効にします。
　その後、「マイコン」側の準備ができたことを、「ステータス・バー」に表示します。
　最後に、「マイコン」側に"ON"という文字列を「送信」します。

<"ACK"以外の場合>

　この場合は、「マイコン」側とのデータのやり取りになります。

　ここでは、「マイコン」側から「送信」されるデータの先頭の一文字で、以下のように、「送信」された文字列から先頭の一文字を除いた内容を、「GUI部品」に表示します。

```
"L"    Label1に表示する
"M"    ToolStripStatusLabel1に表示する
```

●「Invoke() メソッド」

　リスト5に「Invoke() メソッド」を示します。

＊

　この「メソッド」は、「GUI部品」をアクセスする際の記述の手間を省くために定義しました。

リスト5　「Invoke()」「メソッド」の定義　（F446_OnOff¥Form1.cs）

```
134:        // 以下の Invoke(Action action) を定義しておけばプログラムの記述が楽になる
135:        //        たとえば,
136:        //      Invoke(new Action(() => label1.Text = "文字列"));
137:        //        と書く代わりに
138:        //      Invoke(() => label1.Text = "文字列");
139:        //        のように書ける
140:        private void Invoke(Action action) => base.Invoke(action);
```

●「SendTo() メソッド」

　リスト6に、「SendTo() メソッド」を示します。

＊

　この「メソッド」は「マイコン」側に文字列を「送信」します。
　送信する際は、文字列の末尾に"¥n"[56]に追加します。

　この「メソッド」も「例外」が発生する可能性があるので、「try-catch」の構文を使っています。

リスト6　「シリアル・ポート」に文字列を書き込む「メソッド」（F446_OnOff¥MethodsCollection.cs）

```
44:        // シリアルポートに文字列を送る
45:        private void SendTo(string str)
46:        {
47:            try
48:            {
49:                serialPort1.Write(str + "\r");   ← 「マイコン」側に文字列を「送信」する
50:            }                                       場合, 文字列の末尾に "\r" を追加する
51:            catch (Exception ex)
52:            {
53:                MessageBox.Show(ex.Message);
54:            }
55:        }
```

---

[56] 使っている「フォント」によっては"¥"ではなく"\"と表示される場合もあります。

8.2　PCの「GUI」を使って「マイコン」をコントロールするプログラム②

　次は、「マイコン」で、「AD変換器」から読み込んだ信号を「DA変換器」に出力する際に、PCの「スライダ」で、「DA変換器」から出力される信号の大きさをコントロールするプログラムを作ります。

＊

　このプログラムを実行する際には、入力信号は、**第1章の図2**の「AIN」に接続し、出力信号はこの図の「DAC出力」から取り出します。Cの値はどちらでも構いません。

　実行時のPCの画面は**図4**のようになります。

(a) 実行開始直後　　　　　　(b) 「"接続"ボタン」をクリックした後

(c) 「スライダ」を移動した後　　(d) 「"THROUGH"ボタン」をクリックした後

図4　「AD変換器」から読み込んだ信号の大きさを、PCの「スライダ」でコントロールして
「DA変換器」に出力するプログラムの実行の様子

■ 8-2-1 「マイコン」側のプログラム

　「マイコン」側のプログラムを**リスト7**に示します。

リスト7　PC の「GUI」でアナログ信号の入出力する際の音量をコントロールする
(IO_AD_DA_Volume¥main.cpp)

```cpp
 1: //-------------------------------------------------------------
 2: //  NUCLEO-F446RE で アナログ信号の入出力の際に，PC からの指令で
 3: //  パラメータを変更する例
 4: //
 5: //  処理の内容：AD 変換器からの入力に倍率を乗算し DA 変換器に出力する
 6: //       倍率は PC からの指令で変更する
 7: //       PC からの指令： 0 ～ 5000 (0.0 ～ 1.0 倍に対応)
 8: //       音量調整有無は PC からの指令により切替え可能
 9: //
10: //  PC 側にデータを送る際のフォーマット
11: //       先頭の１文字で送る内容を区別する
12: //            L: ラベルに表示する文字列
13: //            S: スライダ (TrackBar) のツマミの位置
14: //            M: ステータス・バーに表示する文字列
15: //
16: //  PC 側のプログラム
17: //       F446_AD_DA_Volume
18: //
19: // 2020/02/10, Copyright (c) 2020 MIKAMI, Naoki
20: //-------------------------------------------------------------
21:
22: #include "F446_AdcIntr.hpp"
23: #include "F446_Dac.hpp"
24: #include "SerialRxTxIntr.hpp"
25: #include  <cctype>          // isalpha() で使用
26: using namespace Mikami;
27: #pragma diag_suppress 870   // マルチバイト文字使用の警告抑制のため
28:
29: const int FS_ = 100;               // 入力の標本化周波数： 100 kHz
30: AdcF446_Intr myAdc_(FS_, A1);      // 入力: A1
31: DacF446 myDac_;                    // 出力: A2
32: SerialRxTxIntr rxTx_(32, 115200);  // PC との通信用
33:                                    // ボーレート：115,200 baud
34:
35: void Respond();                    // 送信された指令に対応する処理を行う
36: void SendParam(float param);       // パラメータの値を送信
37:
38: float volume_ = 0.4f;    // 音量を決める変数（初期値）
39: bool sw_ = true;
40:
41: void AdcIsr()
42: {
43:     float xn = myAdc_.Read();    // 入力
44:     float yn = sw_ ? volume_*xn : xn;
45:     myDac_.Write(yn);            // 出力
46: }
47:
48: int main()
49: {
50:     NVIC_SetPriority(ADC_IRQn, 0);    // AD変換終了割り込みの優先度が最高
51:     NVIC_SetPriority(USART2_IRQn, 1);
52:
53:     myAdc_.SetIntrVec(&AdcIsr);
54:     while (true)
55:     {
56:         // 受信バッファのデータが有効であれば，送信された指令に対応する処理を行う
57:         if (rxTx_.IsEol()) Respond();
58:     }
59: }
```

38, 39 行の注釈：「PC」からの指令により値が変更される「グローバル変数」

44 行の注釈：音量を調整する処理

50, 51 行の注釈：「USART」の「割込みサービス・ルーチ」の処理は短時間で終了するので優先順位を設定しなくても音が中断されることはないようだ

```
61: // 送信された指令に対応する処理を行う
62: void Respond()
63: {
64:     string str = rxTx_.GetBuffer();          ← 受信した内容を取得する
65:     if (str == "ENQ")       ← 「PC」のプログラム開始時に最初に「送信」される文字列
66:     {
67:         rxTx_.TxString("ACK\n");    // PC からの "ENQ" に対して "ACK" を送信する
68:         SendParam(volume_);         // 最初に Label に表示する文字列を送信
69:                                ← 「マイコン」側のプログラムが動いていることを「送信」する
70:         char buf[16];
71:         sprintf(buf, "S%5d\n", (uint32_t)(5000*volume_));
72:         rxTx_.TxString(buf);            // 起動時のスライダ (TrackBar) の位置を送信
73:         wait(1);
74:         rxTx_.TxString("M入力信号の音量を変えて出力します．\n"); ←
75:     }                           「PC」の「ToolStripStatusLabel
76:     else    // "ENQ" 以外の処理      (ステータス・バー)」に表示され
77:     {                                       る文字列を「送信」する
78:         if (isalpha(str[0]))    // 先頭が A ～ Z, a ～ z の場合
79:         {
80:             if (str == "ACTIVE")  sw_ = true;       sw_ が true の場合に音量
81:             if (str == "THROUGH") sw_ = false;      調整の機能が有効になる
82:         }
83:         else                    // 先頭が A ～ Z, a ～ z 以外の場合
84:         {
85:             // PC から送信されるデータの範囲: 0 ～ 5000
86:             // param の値に変換する, 0 <= param <= 1
87:             volume_ = atoi(str.c_str())/5000.0f;
88:
89:             // PC の Label に表示する文字列を送信
90:             SendParam(volume_);      音量の調整に使う「グローバル変数」
91:         }
92:     }
93: }
94:
95: // パラメータの値を送信 (必要に応じて sprintf() の内容を変えること)
96: void SendParam(float param)
97: {
98:     char buf[32];
99:     sprintf(buf, "L音量: %3d %%\n", (int)(param*100));
100:    rxTx_.TxString(buf);     // label1 に表示する文字列を送信
101: }                  「PC」の「Label」に buf の内容を
                        表示するために「送信」する
```

また、**リスト7**のプログラムのファイル構成を**図5**に示します。

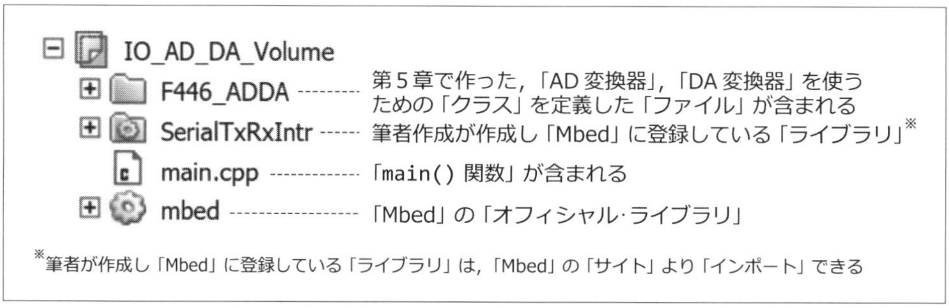

- **IO_AD_DA_Volume**
  - F446_ADDA ········· 第5章で作った，「AD変換器」，「DA変換器」を使う ための「クラス」を定義した「ファイル」が含まれる
  - SerialTxRxIntr ······ 筆者作成が作成し「Mbed」に登録している「ライブラリ」※
  - main.cpp ············ 「main() 関数」が含まれる
  - mbed ················ 「Mbed」の「オフィシャル・ライブラリ」

※筆者が作成し「Mbed」に登録している「ライブラリ」は，「Mbed」の「サイト」より「インポート」できる

図5　リスト7のプログラム「IO_AD_DA_Volume」のファイル構成

●「グローバル・オブジェクト」と「グローバル変数」

このプログラムでは、「AD 変換器」用の「クラス」として、「割り込み」方式の「AdcF446_Intr クラス」を使います。

＊

この「オブジェクト」の初期化は **30 行目**で行なっています。

「標本化周波数」は 100 kHz で、「マイコン・ボード」の入力端子は「A1」を使うように設定します。

「DA 変換器」用の「クラス」は「DacF446 クラス」を使います。

PC と「マイコン」の通信は、**第7章**で作った「SerialRxTxIntr クラス」を、ボーレートは「115,200 baud」で使います。

＊

38、39 行目の「グローバル変数」は、PC からの指令により値が変更され、「割り込みサービス・ルーチン AdcIsr()」の中で使われます。

●「割り込みサービス・ルーチン AdcIsr()」

「AdcIsr()」は、「AD 変換」が終了したときに発生する「割り込み」に対する「割り込みサービス・ルーチン」です。

＊

44 行目は、「sw_」が「true」か「false」かで、処理内容が異なります。

「sw_」が「true」であれば、「AD 変換器」で読み取った値「xn」に「volume_」の値を乗算し、これを「DA 変換器」に書き込む値にします。

「sw_」が「false」であれば、「AD 変換器」で読み取った値「xn」をそのまま「DA 変換器」に書き込む値にします。

この「sw_」と「volume_」の内容は、PC からの指令により書き替えられます。

「volume_」の内容を書き替えることで音量を調整します。

●「main() 関数」

このプログラムでは、次の2つの割り込みを使っています。

・「AD 変換」終了時に発生する「割り込み」
・「シリアル通信」で使っている「USART2」が発生する「割り込み」

そこで、最初に「CMSIS」で提供されている「NVIC_SetPriority() 関数」で「割り込み優先順位」の設定を行なっています。

しかし、実際には「USART2」の「割り込みサービス・ルーチン」で行なっている処理は短時間で終了するため、特に「割り込み優先順位」の設定を行なわなくても「DA 変換器」から出力される信号は途切れることはないようです。

＊

53行目では、「AdcF446_Intrクラス」の「メンバ関数 SetIntrVec()」で、「AD変換」終了時に発生する「割り込み」に対する「割り込みサービス・ルーチン」であるAdcIsr()を割り当てています。

54行目から始まる「whileループ」では、PCから指令の文字列の「送信」が終了していれば、「Respond()関数」の処理を行ないます。

● 「Respond() 関数」

この「関数」はリスト1の「Respond()関数」と同様に、大きく分けて"ENQ"という文字列を「受信」した場合の処理とそれ以外の文字列を「受信」した場合の処理の2つに分けられます

① "ENQ"という文字列を「受信」した場合

この場合は、PCのプログラムが開始後、最初にPCが「送信」した場合で、その場合は"ACK"という文字列を「送信」します。

*

次に、PCの最初の「スライダ」の位置を「送信」します。

その際、**71行目**にあるように、「スライダ」の位置に対応する数字の前に、"S"という文字を追加していますが、これはPC側が「スライダ」の位置に対応する数字の「送信」であることを判定するための文字です。

最後に、PCの「ステータス・バー」に表示する文字列を「送信」します。

② "ENQ"以外の文字列を「受信」した場合

この場合は、先頭が「アルファベット」の文字か、そうではないかで処理が分かれます。

＜先頭が「アルファベット」の文字の場合＞

この場合は、PCが「送信」した文字列が"ACTIVE"であれば、「sw_」を「true」に、"THROUGH"であれば、「sw_」を「false」に設定します。

これにより、音量調整が可能な状態か、音量調整を無視して、入力されて値をそのまま出力する状態かが決まります。

＜先頭が「アルファベット」の文字ではない場合＞

この場合は、数値に対応する文字列が「送信」されます。

そこで、これを0以上1以下の「float型」の値に変換し、「volume_」に書き込みます。

これにより、音量調節に際に使う値が設定されます。

この値は、PC側へ「送信」され、「label1」に表示されます。

この表示は、**図4(b)** では「音量：40 ％」、**(c)** では「音量：50 ％」となっている箇所です。

PC側に「送信」する際に、"ACK"を「送信」する場合を除き、文字列の先頭の文字には特別な意味をもたせているのは、**リスト1**のRespond()と同じです。

ここでは、"L"と"M"のほかに、"S"を使っています。

それぞれ、次のような意味になります。

"L"	Label に表示する文字列を送る場合
"M"	ToolStripStatusLabel（ステータス・バー）に表示する文字列を送る場合
"S"	TrackBar（スライダ）の「ツマミ」の位置を送る場合

●「SendParam() 関数」

この「関数」は、PC の「label1」に表示する文字列を「送信」します。

「label1」に表示する文字列は音量です。

■ 8-2-2 PC 側のプログラム

PC 側のプログラムは、工学社のダウンロード用サイトから持ってきたファイルの、「フォルダ『PC』」の「F446_AD_DA_Volume」に、「プロジェクト」の一式が入っています。

このプログラムの「イベント・ハンドラ」や「メソッド」は、8-1-3 で説明した「F446_OnOff」のプログラムとほぼ同じです。

異なる点は、「GUI 部品」として「TrackBar（スライダ）」を追加したので、これに関わる部分が追加や変更になっています。

ここでは「マイコン」との通信で使っている「イベント・ハンドラ」で、追加や変更したものについて説明します。

●「イベント・ハンドラ radioButton1_Click()」

リスト 8 に、「イベント・ハンドラ radioButton1_Click()」のプログラムを示します。

リスト8　PC 側のプログラム「F446_AD_DA_Volume」の「イベント・ハンドラ」
「radioButton1_Click」（F446_AD_DA_Volume¥Form1.cs）

```
81:        // Volume による処理を有効/無効にする
82:        private void radioButton1_Click(object sender, EventArgs e)
83:        {
84:            if ((RadioButton)sender == radioButton1)
85:            {
86:                SendTo("ACTIVE");                          ← リスト3と異なる文字列
87:                CommonProc.Enable(trackBar1, label1);
88:            }
89:            else                                          ← リスト3のプログラムに
90:            {                                               追加した部分
91:                SendTo("THROUGH");
92:                CommonProc.Disable(trackBar1, label1);
93:            }
94:        }
```

リスト 3 と異なっているのは、「SendTo() メソッド」を使って「マイコン」側に「送信」する文字列です。

"ON" または "OFF" ではなく、"ACTIVE" または "THROUGH" に変更されています。

追加した部分は、「trackBar1」「label1」の有効/無効を設定している部分です。

●「イベント・ハンドラ serialPort1_DataReceived()」

リスト9に、「イベント・ハンドラ serialPort1_DataReceived()」のプログラムを示します。

リスト9　PC側のプログラム「F446_AD_DA_Volume」の「イベント・ハンドラ」
「serialPort1_DataReceived」（F446_AD_DA_Volume¥Form1.cs）

```
108:        // データ受信イベントに対応するハンドラ
109:        private void serialPort1_DataReceived(object sender, SerialDataReceivedEventArgs e)
110:        {
111:            if (!serialPort1.IsOpen) return;
112:            try
113:            {
114:                string data = serialPort1.ReadLine();
115:                if (data == "ACK")
116:                {
117:                    Invoke(() => timer2.Enabled = false);    // timer2 を無効化
118:                    Invoke(() => toolStripStatusLabel1.Text = "マイコン側の準備ができました. ");
119:                    SendTo("ACTIVE");       ← リスト4とは「送信」する文字列が異なる
120:                }
121:                else      // 異なるスレッドの GUI に受信データを書き込む
122:                {
123:                    if (data[0] == 'L')      // label1 に表示する
124:                        Invoke(() => label1.Text = data.Substring(1));
125:                    if (data[0] == 'M')      // toolStripStatusLabel1 に表示する
126:                        Invoke(() => toolStripStatusLabel1.Text = data.Substring(1));
127:                    if (data[0] == 'S')      // trackBar1 のツマミの位置を設定する
128:                    {
129:                        int.TryParse(data.Substring(1), out int value);   リスト4に追加した箇所 / 「受信」した文字列を int 型の数値に変換する
130:                        Invoke(() => trackBar1.Value = value);   「trackBar1」の「ツマミ」の位置を設定する
131:                    }
132:                }
133:            }
134:            catch (Exception ex)
135:            {
136:                ExectionChatch(ex);
137:            }
138:        }
```

リスト4と大部分は同じです。

異なっている部分は119行目で、「SendTo()」で「送信」する文字列が"ACTIVE"に変更されています。

追加した部分は、127～131行目です。
ここの処理は、「マイコン」側から受け取った文字列の先頭が"S"に対するものです。

[1] まず、受け取った文字列を「TryParse()メソッド」を使い、「int型」の数値に変換します。

[2] 次に、この値を「trackBar1.Value」に設定し、「TrackBar（スライダ）」の「ツマミ」の位置を設定します。

この処理は、「マイコン」側から「ツマミ」の位置を初期設定するために使っています。

第9章 「GUI」と「マイコン」のコラボで作るアプリ

第8章では、PCの「GUI」から、「マイコン」のプログラムをコントロールする方法について説明しました。

ここまで分かれば、後はPCの「GUI」と「マイコン」とのコラボレーションで、いろいろな「アプリケーション・プログラム」を自由に作れると思います。

この章では、その事例として、3つのプログラムを示します。

① グラフィック・イコライザ
② 遮断周波数可変フィルタ
③ スペクトログラム

*

この章のプログラムは、「アナログ信号」の入出力に関する回路として、**図1**に示すもの[57]を使うことを前提にしています。

入力信号は、「AIN」に接続し、出力信号は「DAC出力」から取り出します。

また、PCと「マイコン」の間で通信を行なう部分については、**第7章**で作った、「SerialRxTxIntr クラス」を使います。

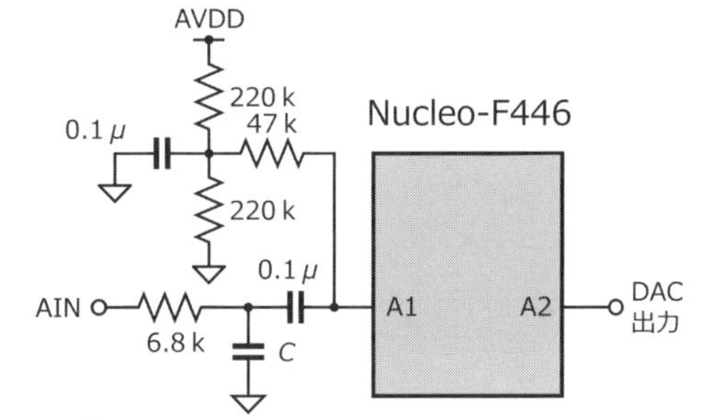

<C の値>
1200 p：グラフィック・イコライザ，遮断周波数可変フィルタ
3300 p：スペクトログラム

図1　アナログ信号の入出力回路

PC側のプログラムは**第8章**と同様に、「Visual Studio 2019」の「C#」を使って作っています。

※ なお、PC側のプログラムの基本的な考え方は、**第8章**のプログラムと同じなので、説明は省略します。

詳細については、工学社のダウンロード用サイトから持ってきたファイルの、『PC』フォルダの「F446_GraphicEqualize」「F446_LPF_HPF_Variable」「F446_Spectrogram」に、「プロジェクト」の一式が入っているので、参照してください。

---

[57] この図は、**第1章**で示した、外付け回路全体の中の一部分です。

なお、この回路の「AD変換器」への入力部には、6.8kΩの「抵抗器」と「コンデンサ」からなる、非常に簡単な「ローパス・フィルタ」が入っています。

「遮断周波数」は、$C = 1200$ pF で約 19.5 kHz、$C = 3300$ pF で約 7.1 kHz になります。

「グラフィック・イコライザ」と「遮断周波数可変フィルタ」では、入力信号として、「CD」を再生した音楽を想定しています。

この場合、入力信号の上限の周波数は 20 kHz になるので、このような簡単な「フィルタ」で、充分です。

「スペクトログラム」では、特に入力信号は想定していませんが、「標本化周波数」を、$C = 3300$ pF の場合の「遮断周波数」約 7.1 kHz よりも、充分高い 160 kHz に設定しているので、こちらも、このような簡単な「フィルタ」で充分です。

9.1 グラフィック・イコライザ

　図2に、「グラフィック・イコライザ」を実行中のPCの画面の様子を示します。

　上は「グラフィック・イコライザ」の「周波数特性」で、下に並んだ「スライダ」の「ツマミ」を「マウス」で動かすと、それに対応して、上の「周波数特性」が変化します。

　この図は、「125 Hz付近」と「2 kHz付近」を「ブースト」した場合を示しています。

*

　このとき、**図1**の端子「AIN」に音響信号を入力するように接続がされていれば、「周波数特性」の変化に応じて、「マイコン」の「DA変換器」から出力される音響信号の「音色」も変わることが確認できます。

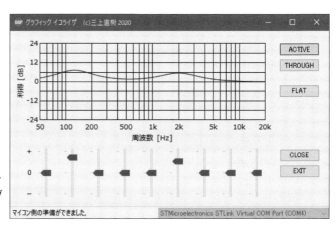

図2　「マイコン」側の「グラフィック・イコライザ」をコントロールするプログラムの実行の様子

■ 9-1-1 「グラフィック・イコライザ」の構成

　ここで作成する9バンドの「グラフィック・イコライザ」は、**図3**に示すように、各帯域を受け持つ「デジタル・フィルタ」を「縦続接続」した構成にします。

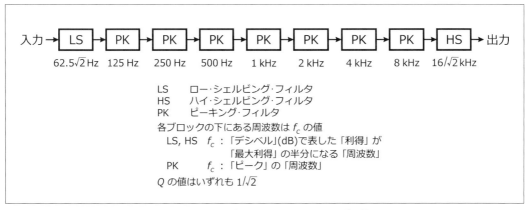

図3　9バンド・グラフィック・イコライザの構成

　いちばん低い「周波数帯域」は、「ロー・シェルビング・フィルタ」（low shelving filter）、いちばん高い「周波数帯域」は、「ハイ・シェルビング・フィルタ」（high shelving filter）で構成し、残りの「周波数帯域」は「ピーキング・フィルタ」で構成します。

図4には個別の「ロー・シェルビング・フィルタ」、「ハイ・シェルビング・フィルタ」、「ピーキング・フィルタ」で、各帯域を最大「ブースト」にした場合と、最大「カット」にした場合の「周波数特性」を示しています。

なお、図3、4で使っている「f_C」の記号ですが、「シェルビング・フィルタ」と「ピーキング・フィルタ」で定義が違います。

それぞれ、次のように定義しています。

・ピーキング・フィルタ：ピークの「周波数」
・シェルビング・フィルタ：「デシベル」（dB）で表わした「利得」が、最大の「利得」の半分になる「周波数」

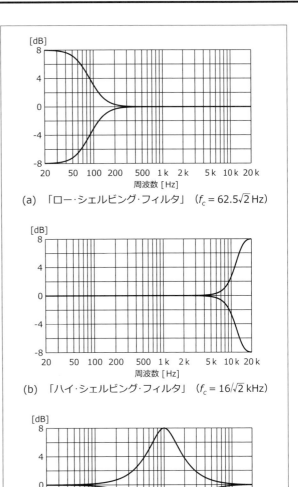

(a) 「ロー・シェルビング・フィルタ」 （$f_c = 62.5\sqrt{2}$ Hz）

(b) 「ハイ・シェルビング・フィルタ」 （$f_c = 16/\sqrt{2}$ kHz）

(c) 「ピーキング・フィルタ」 （$f_c = 1$ kHz）

図4　グラフィック・イコライザで使うフィルタの種類とその周波数特性（それぞれ、最大ブースト時と最大カット時）

「グラフィック・イコライザ」の個々の「フィルタ」を、「ブースト」/「カット」ともにそれぞれ最大にしたときの「周波数特性」を重ねて表示したものを図5に示します。

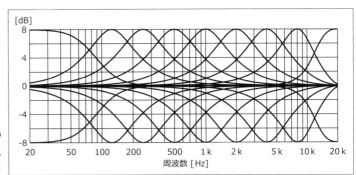

図5　グラフィック・イコライザの個々のフィルタの周波数特性（それぞれ、最大ブースト時と最大カット時）

■ 9-1-2 「グラフィック・イコライザ」の個々の「フィルタ」の構成

「グラフィック・イコライザ」では、「シェルビング・フィルタ」および「ピーキング・フィルタ」という、異なった「フィルタ」を使いますが、これを「デジタル・フィルタ」で作る場合は、どれも同じ構成で作ることができます。

＊

この構成をブロック図で表わせば、**図6**のようになります。

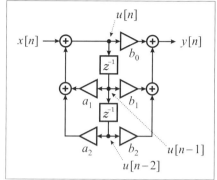

図6 「グラフィック・イコライザ」で使う「IIR フィルタ」の「ブロック図」

このブロック図の入力信号 $x[n]$ と出力信号 $y[n]$ の関係は、次の「差分方程式」で表されます。

$$\begin{cases} u[n] = a_1 u[n-1] + a_2 u[n-2] + x[n] \\ y[n] = b_0 u[n] + b_1 u[n-1] + b_2 u[n-2] \end{cases} \tag{1}$$

この「差分方程式」に対応する「伝達関数」$H(z)$ は次のようになります。

$$H(z) = \frac{b_0 + b_1 z^{-1} + b_2 z^{-2}}{1 - a_1 z^{-1} - a_2 z^{-2}} \tag{2}$$

この「伝達関数」$H(z)$ から、「周波数特性」を計算できます。

式 (1)、(2) の係数 $(a_1, a_2, b_0, b_1, b_2)$ の求め方を説明するとかなり長くなるので、ここでは脚注に参考文献[58]を載せるにとどめます。

■ 9-1-3 「グラフィック・イコライザ」の「マイコン」側のプログラム

「グラフィック・イコライザ」の「マイコン」側のプログラムを**リスト1**に示します。

---

[58] 三上直樹：「連載：手のひら LCD コンピュータ 音の信号処理をはじめる」、第4回、「9 帯域リアルタイム&タッチ操作イコライザ」、pp.150-155、インターフェイス、2018 年10月号、CQ 出版社。

リスト1 「グラフィック・イコライザ」のプログラム
(IO_F446_GraphicEqualizer¥main.cpp)

```
 1: //-------------------------------------------------------------
 2: //  グラフィック・イコライザ
 3: //
 4: //  PC 側のプログラム : F446_GraphicEqualizer
 5: //
 6: //  2020/02/23, Copyright (c) 2020 MIKAMI, Naoki
 7: //-------------------------------------------------------------
 8:
 9: #include "F446_AdcIntr.hpp"
10: #include "F446_Dac.hpp"
11: #include "SerialRxTxIntr.hpp"
12: #include "GraphicEqualizer.hpp"      ← 「GrEqualizer クラス」が定義されている
13: using namespace Mikami;
14:
15: const float FS_ = 44.1f;     // 入力の標本化周波数 : 44.1 kHz
16: AdcF446_Intr myAdc_(FS_, A1);
17: DacF446 myDac_;
18:
19: const int BANDS_ = 9;          // グラフィック・イコライザのバンド数
20: GrEqualizer grEq_(BANDS_, FS_*1000);     // グラフィック・イコライザ用オブジェクト
21:
22: // グラフィック・イコライザの信号処理 (AD 変換終了割込みサービス・ルーチン)
23: void AdcIsr()
24: {
25:     float xn = myAdc_.Read()*0.25f;  // 入力        「グラフィック・イコライザ」の処理を有効にする
26:     float yn = grEq_.Execute(xn);                 のか，何も処理をせずにそのまま出力するかは
27:     myDac_.Write(yn);               // 出力        GrEqualizer 「クラス」の「メンバ関数」
28: }                                                  Validate() または Invalidate() で設定される
29:
30: int main()
31: {
32:     SerialRxTxIntr rx;            // PC との通信用
33:
34:     NVIC_SetPriority(ADC_IRQn, 0);       // AD変換終了割り込みの優先度が最高
35:     NVIC_SetPriority(USART2_IRQn, 1);
36:
37:     myAdc_.SetIntrVec(&AdcIsr); // AD変換終了割り込みの割り当て
38:     while (true)
39:     {
40:         if (rx.IsEol())      // PC からの指令に対応する処理       「グラフィック・イコライザ」で使っている
41:         {                                                      「フィルタ」を有効にする「メンバ関数」
42:             string str = rx.GetBuffer();
43:             if (str == "GrEq") rx.TxString("ACK\n");       // "ACK" を送り返す
44:             else if (str == "ACTIVE") grEq_.Validate();    // フィルタ処理有効
45:             else if (str == "THROUGH") grEq_.Invalidate(); // フィルタ処理無効
46:             else if (str == "FLAT") grEq_.Flatten();       // フィルタ特性の平坦化
47:             // 上記以外は float 型の数値に対応する文字列として処理を行う  「グラフィック・イコライザ」で使っている
48:             else                                           「フィルタ」を無効にし，入力信号をその
49:             {                                              まま出力するようにする「メンバ関数」
50:                 // 最初の文字はフィルタの番号
51:                 int k = atoi(str.substr(0, 1).c_str());     // フィルタの番号
52:                 // 次の文字からは dB 値                        「PC」側から受け取った k 番目の
53:                 grEq_.SetGain(atof(str.substr(1).c_str()), k); ← 「フィルタ」の「利得 (dB 値)」か
54:             }                                              ら「フィルタ」の「係数」を求め，
55:         }                                                  その値で「係数」を更新する
56:     }
57: }
```

このプログラムの処理の流れを図7に示します。

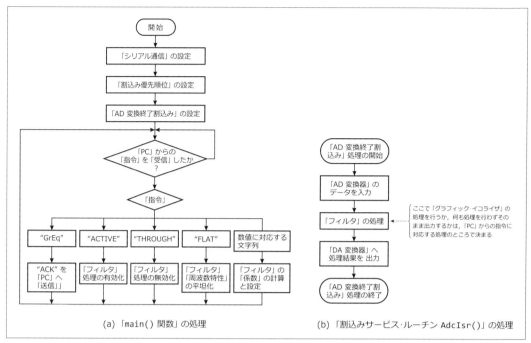

図7 リスト1のプログラム「IO_F446_GraphicEqualizer」で行なっている
「グラフィック・イコライザ」の処理の流れ

また、このプログラム「IO_F446_GraphicEqualizer」のファイル構成を**図8**に示します。

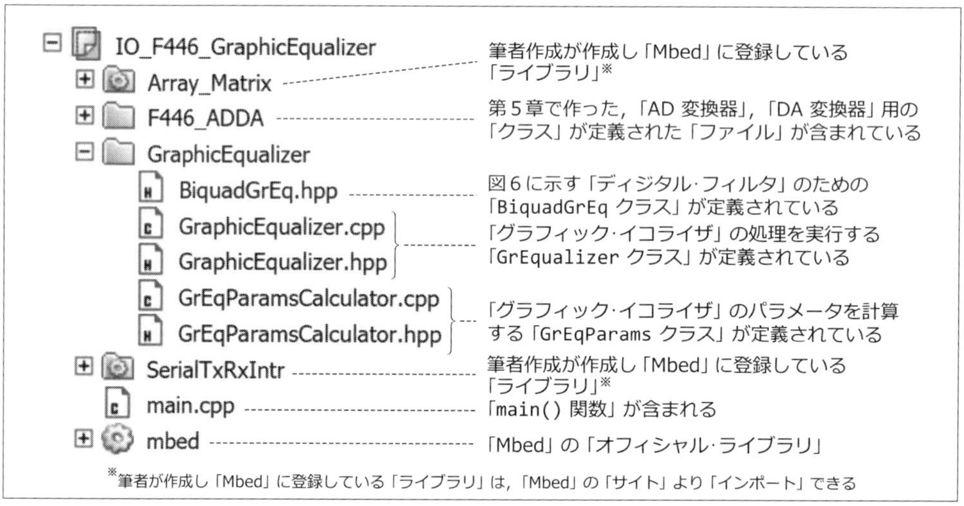

図8 リスト1のプログラム「IO_F446_GraphicEqualizer」のファイル構成

● ファイル構成

「GraphicEqualizer」フォルダに、「グラフィック・イコライザ」を作るための「クラス」が定義されたファイルが入っています。

図6に示した「デジタル・フィルタ」のための「クラス」が「BiquadGrEq クラス」で、

これは「BiquadGrEq.hpp」で定義されています。

　図3に示した「グラフィック・イコライザ」を実行するための「GrEqualizer クラス」は「GraphicEqualizer.hpp/cpp」で定義されています。
　この中では、図3の一つのブロックに対応する「デジタル・フィルタ」として、「BiquadGrEq クラス」が使われています。
　さらに、この「GrEqualizer クラス」の中では「一次元配列用テンプレートクラス Array」を使いますが、この「クラス」は「Array_Matrix」フォルダの「Array.hpp」の中で定義されています。

　「GrEqParamsCalculator.hpp/cpp」では、「グラフィック・イコライザ」のパラメータを計算する「GrEqParams クラス」が定義されています。

● プログラム「IO_F446_GraphicEqualizer」の概要

　このプログラムでは、「グラフィック・イコライザ」の処理を、図7で示しているように「AD変換終了割り込み」の「割り込みサービス・ルーチン」で行なっています。

　その理由は、「グラフィック・イコライザ」で使っている「デジタル・フィルタ」の「係数」の計算にある程度の時間が掛るためです。
　この計算中に、「AD 変換」が終了しても、「割り込み」を使うことで、「AD 変換」されたデータを取りこぼすことなく処理を進めることができます。

●「グローバル変数」と「グローバル・オブジェクト」

　「標本化周波数」は「CD」（コンパクト・ディスク）の「標本化周波数」に合わせて、44.1 kHz にしています。

> ※ なお、「AD 変換器」用の「AdcF446_Intr クラス」の初期化の際に、「標本化周波数」は「kHz」の単位で与えるようになっています。
> 　そのため 15 行目の「定数 FS_」には「44.1f」という値を設定しています。

　20 行目の「GrEqualizer」は「グラフィック・イコライザ」のための「クラス」です。
　こちらの初期化では、「標本化周波数」は「Hz」の単位で与えるようになっています。
　そのため、第2引数には「FS_*1000」を与えています。

●「割り込みサービス・ルーチン AdcIsr()」

　「AdcIsr()」は、「AD 変換」が終了したときに発生する「割り込み」に対する「割り込みサービス・ルーチン」で、この中で「グラフィック・イコライザ」の処理を行ないます。

　このプログラムでは、「グラフィック・イコライザ」の処理を行なうのか、それともその処理をせずに、入力信号をそのまま出力するのかの切り替えは行っていないように見えます。

　しかし、「GrEqualizer クラス」には、「グラフィック・イコライザ」の処理を有効にする

「メンバ関数 Validate()」と、無効にする「メンバ関数 Invalidate()」があり、これで切り替えています。

この処理は、「main() 関数」の **44**、**45 行目**で行なっています。

> ※ なお、**25 行目**で「AD 変換器」からの入力に「0.25f」を乗算していますが、これは「グラフィック・イコライザ」の処理で、0 dB 以上の「利得」になることがあり、そのため「DA 変換器」出力する際、「クリップ」される恐れがあるのでこれを防止するため、1 倍以下の係数を乗算しています。

●「main() 関数」

最初に、PC との「シリアル通信」用「SerialRxTxIntr クラス」の「オブジェクト」の初期化、「割り込み優先順位」設定、「AD 変換終了割り込み」の「割り込みサービス・ルーチ」の割り当てを行なっています。

「while ループ」中では、PC から「送信」される指令を待って、指令に従って処理を行ないます。

> ※ なお、**図7**に示した処理の流れでは、PC から指令を受けた後の処理を「swicth 文」で切り替えて行っているように描いています。
> しかし、「swicth 文」は「文字列」によって処理を分岐させることはできないので、実際のプログラムでは「if-else 文」になっています。

PC は、処理に先立って、"GrEq"という文字列を「送信」するので、それに対して、"ACK"という文字列を PC 側に「送信」します。

それ以外の PC からの「送信」は、「グラフィック・イコライザ」に対する指令になります。

*

この指令は、大きく分けて二種類あります。

＜アルファベット文字の場合＞

指令がアルファベット文字の場合は、"ACTIVE"、"THROUGH"、"FLAT"の三種類です。

"ACTIVE"の場合は、「GrEqualizer クラス」の「メンバ関数 Validate()」により、「グラフィック・イコライザ」で使っている「フィルタ」を通した信号を出力するように設定します。
"THROUGH"の場合は、「GrEqualizer クラス」の「メンバ関数 Invalidate()」により、この「フィルタ」を通さないで、入力した信号をそのまま出力するように設定します。

"FLAT"の場合は、「GrEqualizer クラス」の「メンバ関数 Flatten()」により、「グラフィック・イコライザ」で使っている「フィルタ」の「周波数特性」が平坦になるような「係数」を計算し、これを「フィルタ」の「係数」として設定しています。

＜数字の場合＞

最初の数字は**図3**のブロック図で、何段目のブロックかということを表わします。

　二番目以降の文字列は、「利得」に対応する値が「float型」の形式で「送信」されるので、53行目の「関数 atof()」で、数値に変換されます。

　この数値を「GrEqualizer クラス」の「メンバ関数 SetGain()」に「引数」として与えます。「メンバ関数 SetGain()」は、この与えられた「利得」から「フィルタ」の「係数」を計算し、さらに、その「フィルタ」の「係数」を更新しています。

9.2 「遮断周波数可変フィルタ」

　図9に、「遮断周波数可変フィルタ」を実行中の PC の画面の様子を示します。

　この図では、「マイコン」側で動いている「デジタル・フィルタ」が「低域通過フィルタ（LPF：ローパス・フィルタ）」で、「遮断周波数」を示す「カーソル」を「マウス」で移動し、「遮断周波数」を 0.35 kHz に設定したときの、「デジタル・フィルタ」の「周波数特性」が表示されています。

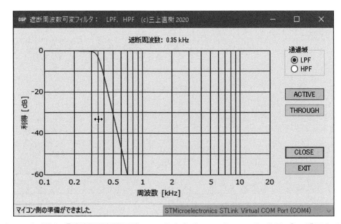

図9　「マイコン」側の「遮断周波数可変フィルタ」をコントロールするプログラムの実行の様子

　ここで使っている「デジタル・フィルタ」は、**第5章**でも使った「縦続形」構成の「IIR フィルタ」です。
　次数（N）は、「10次」のものを使っています。

■ 9-2-1 「遮断周波数可変フィルタ」の「マイコン」側のプログラム

　「遮断周波数可変フィルタ」の「マイコン」側のプログラムを**リスト2**に示します。

　このプログラムの処理の流れは、**図7**に示した**リスト1**の処理の流れとほぼ同じになるので省略します。

リスト2 「遮断周波数可変フィルタ」のプログラム（IO_F446_LpfHpf_Variable¥main.cpp）

```
 1: //-----------------------------------------------------------
 2: // 遮断周波数可変 IIR フィルタ (LPF, HPF)
 3: //
 4: // PC 側のプログラム: F446_LPF_HPF_Variable
 5: //
 6: // 2020/02/13, Copyright (c) 2020 MIKAMI, Naoki
 7: //-----------------------------------------------------------
 8:
 9: #include "F446_AdcIntr.hpp"
10: #include "F446_Dac.hpp"
11: #include "SerialRxTxIntr.hpp"
12: #include "IirVariable.hpp"  ◀──── 「VariableIir クラス」が定義されている
13: using namespace Mikami;
14:
15: const float FS_ = 44.1f;      // 入力の標本化周波数: 44.1 kHz
16: AdcF446_Intr myAdc_(FS_, A1);
17: DacF446 myDac_;
18: // 縦続形 IIR フィルタによる可変フィルタのオブジェクト
19: //     次数: 10 次
20: //     最初に設計されるフィルタ:遮断周波数 1 kHz の LPF
21: VariableIir filter_(10, FS_*1000, 1000.0f, BilinearDesign::LPF);
22:
23: // LPF/HPF の処理 (AD 変換終了割り込みサービス・ルーチン)
24: void AdcIsr()
25: {
26:     float xn = myAdc_.Read();      // 入力
27:     float yn = filter_.Execute(xn); // IIR フィルタの実行
28:     myDac_.Write(yn);              // 出力
29: }
30:
31: int main()
32: {
33:     SerialRxTxIntr rx;            // PC との通信用
34:
35:     NVIC_SetPriority(ADC_IRQn, 0);   // AD変換終了割り込みの優先度が最高
36:     NVIC_SetPriority(USART2_IRQn, 1);
37:
38:     myAdc_.SetIntrVec(&AdcIsr); // AD変換終了割り込みの割り当て
39:     BilinearDesign::Type typeOld = BilinearDesign::LPF;
40:     while (true)
41:     {
42:         if (rx.IsEol())            // PC からの指令に対応する処理
43:         {
44:             string str = rx.GetBuffer();
45:             if (str == "VrFc") rx.TxString("ACK\n");      // "ACK" を送り返す
46:             else if (str == "ACTIVE") filter_.Validate();  // フィルタ処理有効
47:             else if (str == "THROUGH") filter_.Invalidate();// フィルタ処理無効
48:             else    // 上記以外はフィルタの遮断周波数の情報が送信される
49:             {
50:                 BilinearDesign::Type type;
51:                 if (str.substr(0, 1) == "L") type = BilinearDesign::LPF;
52:                 else                         type = BilinearDesign::HPF;
53:
54:                 // 先頭の1文字を除いた部分が遮断周波数に対応する文字列
55:                 float fc = atoi(str.substr(1).c_str()); // 遮断周波数
56:                 filter_.SetParameters(fc, type); ◀──────
57:
58:                 // LPF と HPF が切り替わった場合フィルタの遅延器をクリア
59:                 if (type != typeOld) filter_.Clear();
60:                 typeOld = type;
61:             }
62:         }
63:     }
```

> 「フィルタ」を有効にする「メンバ関数」

> 「フィルタ」を無効にし，入力信号をそのまま出力するようにする「メンバ関数」

> 「遮断周波数」と「LPF」，「HPF」の情報を与えると，「フィルタ」の「係数」の計算と更新がなされる

> 「フィルタ」内の「遅延器」をクリアする処理 この処理を入れなければ，「LPF」と「HPF」を切り替える瞬間に異音が発生する

このプログラム「IO_F446_GraphicEqualizer」のファイル構成を**図10**に示します。

● ファイル構成

・「IIR_Design」フォルダ

「BilinearDesignLH.hpp/cpp」には、与えられた「遮断周波数」から「フィルタ」の係数を計算する「BilinearDesing クラス」が定義されています。

この「クラス」では設計手法として、「双一次 z 変換法」[59] が使われています。

・「IIR_Filter」フォルダ

「IIR フィルタ」を作るための「Biquad クラス」が定義されている「Biquad.hpp/cpp」と、「IirCascade クラス」が定義されている「IIR_Cascade.hpp/cpp」が含まれています。

この内容は、**第5章**で作ったものと同じです。

> ※ なお、「IirCascade クラス」では「一次元配列用テンプレートクラス Array」を使いますが、この「クラス」は「Array_Matrix」フォルダの「Array.hpp」の中で定義されています。

「IIR_Variable」フォルダには、「遮断周波数可変フィルタ」を作るための、「VariableIir クラス」が定義されている「IirVariable.hpp/cpp」が入っています。

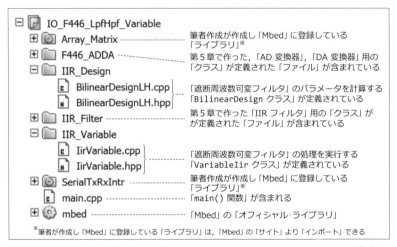

図10　リスト2のプログラム「IO_F446_LpfHpf_Variable」のファイル構成

● 「main.cpp」のプログラム

このプログラムでは、「遮断周波数可変フィルタ」の処理を、「AD 変換終了割り込み」の「割り込みサービス・ルーチン」で行なっています。

その理由は、「グラフィック・イコライザ」場合と同じで、「遮断周波数可変フィルタ」で使っている「デジタル・フィルタ」の「係数」の計算にある程度の時間が掛るためです。

この計算中に、「AD 変換」が終了しても、「割り込み」を使うことで、「AD 変換」されたデータを取りこぼすことなく処理が進めることができます。

---

[59] 次の文献などを参考にしてください。
三上 直樹：「C# によるデジタル信号処理プログラミング」、第7章、工学社、2011年。

「遮断周波数可変フィルタ」の「係数」の計算は、「グラフィック・イコライザ」の「係数」の計算よりも時間が長くかかります。

> ※ **リスト2**と**リスト1**を比べると、使っている「フィルタ」の処理に応じて異なっている箇所もありますが、ほぼ同じになっているので、**リスト1**の説明と重複する箇所は、説明を省きます。

＊

56行目で、「`VariableIir`クラス」の「メンバ関数`SetParameters()`」が、PCから「送信」された「フィルタ」のタイプ（「LPF」か「HPF」かの別）と「遮断周波数」を「引数」として、「フィルタ」の「係数」を設計し、それに基づいて「フィルタ」を更新しています。

59行目では、更新前と更新後の「フィルタ」のタイプを、「LPF」と「HPF」との切り替えになっているかどうか調べ、切り替えになっていれば、「フィルタ」内部の「遅延器」をクリアしています。

これを入れない場合、切り替える際に異音が一瞬聞こえます。

9.3　スペクトログラム

図11に「スペクトログラム」を表示している例を示します。
「スペクトログラム」とは、「周波数成分」の強度の時間変化を表わすものです。

＊

色が「周波数成分」の相対的な強度を表わし、縦軸が「周波数」、横軸が「時間」になっています。「時間」の方向は左ほど過去で、右端は現在の「スペクトル」に対応します。

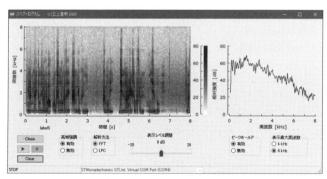

図11　「スペクトログラム」の実行の様子

「周波数成分」の強度を表す色ですが、PCのプログラムとしては「カラー」表示するように作っており、強度が大きいほど赤く、小さいほど青くなるようにしています。

> ※ ただし、**図11**は印刷の都合上「モノクロ」で表示しているので、強度が大きいほど黒くなるように表示しています。

この「スペクトログラム」の右端のスペクトルを、横軸が「周波数」縦軸が「周波数成分」の相対的な「強度」として表わしたのが、**図11**の右側の図です。

■ 9-3-1 「スペクトログラム」の構成

「マイコン」側の処理を「ブロック図」として表現したものを、**図 12** に示します。

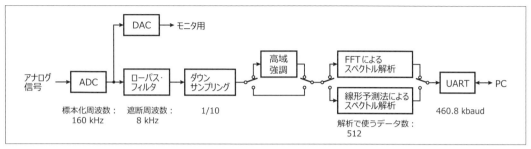

図 12 「マイコン」側で行なっている「スペクトログラム」の処理に対応するブロック図

　入力の「アナログ信号」の「標本化」は 160 kHz としています。

　ここで「デジタル・データ」になった得られた信号は、モニタのため、そのまま「DA 変換器」から出力しています。

＊

　得られた「デジタル・データ」は、「デジタル・フィルタ」による「ローパス・フィルタ」で、8 kHz 以上の高い周波数の成分を除去した後、「1/10」に「ダウンサンプリング」します。

　それを、「高域強調」するか、またはそのまま、「スペクトル解析」の部分へ送ります。

　「スペクトル解析」で行なう処理は、二通りに切り替えることができ、一つは「FFT」による「スペクトル解析」[60]で、もう一つは「線形予測法」による「スペクトル解析」[61]です。

　ここで使うデータ数は、「512」ですが、**図 13** に示すように、データは半分ずつズラしながら、一つ前の解析区間とはデータが半分重複するようにして「スペクトル解析」を行なっています。

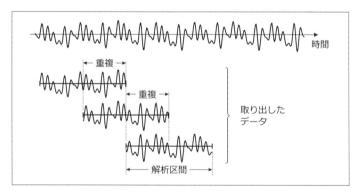

図 13 「スペクトル解析」で使うデータのとり方と取出す区間が半分重複する様子

　「スペクトル解析」の結果は、「マイコン」の「USART」を使い、「460.8 kbaud」で PC 側へ「送信」しています。

---

[60] 次の文献などを参考にしてください。

　　三上直樹：「C#」三上 直樹：「C# によるデジタル信号処理プログラミング」、第 10、11 章、工学社、2011 年。

[61] 次の文献などを参考にしてください。

　　三上直樹：「連載：音声合成のメカニズム」、第 11 回目「計算量が少ない！モデル化＆線形予測法による共振器／フィルタ係数推定」、pp.151-160、インターフェイス、2015 年 1 月号、CQ 出版社。

第**9**章　「GUI」と「マイコン」のコラボで作るアプリ

■ 9-3-2 「スペクトログラム」の「マイコン」側のプログラムのファイル構成

　「マイコン」側のプログラムは、工学社のダウンロード用サイトからもってきたファイルの
フォルダ「第9章」の中の「IO_F446_Spectrogram」に、「ソース・プログラム」の一式が入っ
ているので、これを参照してください。

　ここでは、図14に示す、そのファイル構成だけを説明します。

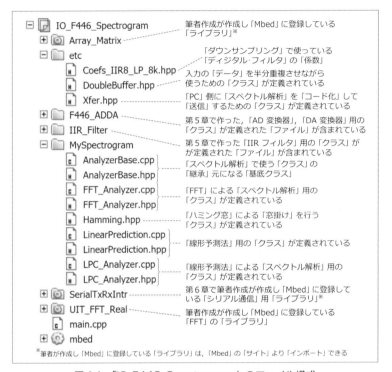

図 14　「IO_F446_Spectrogram」のファイル構成

● 「etc」フォルダ

・Coefs_IIR8_LP_8k.hpp
「ダウンサンプリング」で使っている「IIR」タイプの「デジタル・フィルタ」の係数に対応するものです。 　この「デジタル・フィルタ」の「係数」は、「連立チェビシェフ特性」の「ローパス・フィルタ」で、「遮断数周波数」が「8 kHz」、次数が「8次」として設計されたものです。

・DoubleBuffer.hpp
図13に示した、データは半分ずつズラしながら、一つ前の解析区間とはデータが半分重複するようにしてデータを「スペクトル解析」で使うための「DoubleBufferクラス」が定義されています。

・Xfer.hpp
「スペクトル解析」の結果をPC側に「送信」する際に、転送のデータ量を減らすため、「コード化」して「送信」するための「Xferクラス」が定義されています。 　ここで使っている「コード化」は、0 ~ 10,000の範囲の値を2文字で表わすというものです。

● 「MySpectrogram」フォルダ

　「スペクトル解析」で使う「クラス」が定義されているファイルが入っています。

・AnalyzerBase.hpp/cpp
「スペクトル解析」で使う「クラス」の「継承」の元になる、「基底クラス AnalyzerBase」が定義されています。
・FFT_Analyzer.hpp/cpp
「FFT」を使って「スペクトル解析」を行なうための「FftAnalyzer クラス」が定義されています。 　この「クラス」は「AnalyzerBase クラス」を「継承」する「派生クラス」になっています。
・Hamming.hpp
「スペクトル解析」に際に「ハミング（Hamming）窓」を使って「窓掛け」を行なうための「HammingWindow クラス」が定義されています。 　この「HammingWindow クラス」は「AnalyzerBase クラス」の中で使われています。
・LinearPrediction.hpp/cpp
「スペクトル解析」で使う「線形予測法」を行なうための「LinearPred クラス」が定義されています。 　この「LinearPred クラス」は「LpcAnalyzer クラス」の中で使われています。
・LPC_Analyzer.hpp/cpp
「線形予測法」を使って「スペクトル解析」を行なうための「LpcAnalyzer クラス」が定義されています。 　この「クラス」は「AnalyzerBase クラス」を「継承」する「派生クラス」になっています。

● 「UIT_FFT_Real」フォルダ

　「FFT」を実行するための「FftReal クラス」を定義するファイルが入っています。

　「FftReal クラス」は「AnalyzerBase クラス」の中で使われています。

　このフォルダの内容は、筆者が作って「Mbed」に登録しているもので、「Mbed」の「サイト」から、自由に「インポート」して使うことができます。

附録 準備編

> **この「附録」では「Mbed」をはじめて扱う方にために、「Mbed」を使う上で最低限知って おいた方がよいと思われる事項について説明します。**
>
> ※ なお、この説明では「Mbed」を使う際の「ブラウザ」として「Google Chrome」 を使うので、「ブラウザ」に関する設定は「Google Chrome」の設定として説明します。 「Mbed」はもちろん他の「ブラウザ」でも使えます。

A 「Mbed」の登録

「Mbed」を使うためには、最初に登録する必要があります。

登録する際には「メールアドレス」[62] が必要になるので、あらかじめ準備しておいてください。

---

[1] 最初に、「マイコン・ボード」「Nucleo-F446RE」と「パソコン（以下 PC）」を「USB ケーブル」で接続します。

そうすると、**図 A (a)** のような画面が現われ、「Nucleo-F446RE」は「ドライブ」の一つとして表示されます。

この図では「Nucleo-F446RE」が「ドライブ D：」になっていますが、PC によっては、「ドライブ文字」が別の英字になっている場合もあります。

※ なお、この画面が自動的に現われない場合は、「エクスプローラ」などを開いて、PC の「ドライブ」を表示してください。

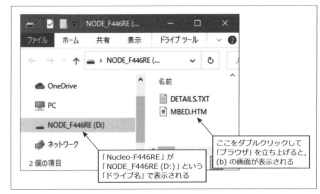

図 A(a)「マイコン・ボード」「Nucleo-F446RE」を PC に接続したときの「ドライブ」の様子

---

[2]「Nucleo-F446RE」に対応する「ドライブ」の内容が右側に表示されています。

この中の「MBED.HTM」をダブルクリックすると、「Mbed」のサイトに接続されて、**図 A (b)** の画面が表示されます。

図 A(b)「Sign up」へ進む（「マイコン・ボード」を接続しなくても「https://mbed.org/account/login/」にアクセスすれば同じように表示される）

---

[62] 一つの「メール・アドレス」に対して、一つの「ユーザー名」、つまり一つの「アカウント」しか登録できません。 そのため、複数のアカウントを使いたい場合は、複数の「メール・アドレス」が必要になります。

※ すでに「Mbed」の「アカウント」を取得していれば、ここで「メール・アドレス」か「ユーザー名」と、「パスワード」を入力し、「Log in」の「ボタン」をクリックすると、「Mbed」の「統合環境」が開きます。

[3]「登録」の場合は、図 A (b) の画面の「Sign up」の箇所をクリックします。

そうすると、図 A (c) の画面が現われます。

この画面で、「メール・アドレス」その他必要事項を入力し、「チェック項目」にチェックした後、この画面のいちばん下にある「Sign up」の「ボタン」をクリックすると登録が開始されます。

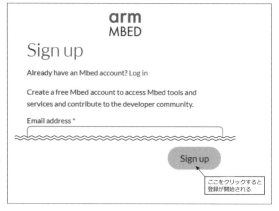

図 A(c)　この画面で必要事項を入力し、この画面のいちばん下にある「Sign up」をクリックすると、登録が開始される

※「登録」する際に、「マイコン・ボード」がなくても登録できます。

[4]「https://mbed.org/account/login/」にアクセスすると図 A(b) の画面が表示されるので、後は「Sign up」の箇所をクリックところからは同じ操作になります。

B　「Mbed」の「統合開発環境」の立ち上げから最初のプログラムの実行まで

「Mbed」の「統合開発環境」を立ち上げるにはいくつかの方法があります。

簡単な方法は、図 A (b) の画面で「メール・アドレス」か「ユーザー名」と、「パスワード」を入力し、「Log in」の「ボタン」をクリックします。

そうすると、図 B-1 のような画面が現われ、ここで「Compiler」の「ボタン」をクリックすると、図 B-2 のように「統合環境」が立ち上がります。

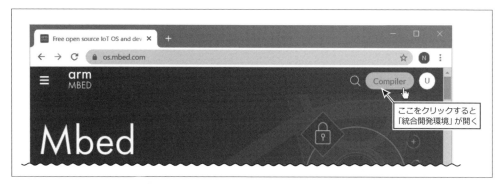

図 B-1　「Compiler」をクリックすると「統合開発環境」が開く

図 B-2 「統合開発環境」が立ち上がった状態

　最初は、「Mbed」に登録されているプログラムを「インポート」し、それを「コンパイル」して、プログラムを実行してみます。

---

[1]「インポート」するための「ウィザード」を開きます。

　図 B-3 に示すように、「インポート」ボタンをクリックすれば、図 B-4 のように「インポートウィザード」が開きます。

図 B-3 「インポート」ボタンをクリックし、「インポートウィザード」を開く

[2]「インポート」できるものは複数あるので、まず図 B-4 のように「タブ」が"プログラム"になっていることを確認します。

図 B-4 「インポートウィザード」でプログラムを検索する

[3] 次に、右側の「"検索"ボタン」をクリックします。

　しばらくすると、検索結果が表示されます。

　最初に検索した場合は、「インポート」された数が多いものから順に表示されます。

[4] 図 B-4 の画面で"mbed_blinky"を選択します。

　そうすると、図 B-5 のように「ハイライト」されるので、右側の「"インポート！"ボタン」

をクリックします。

図B-5 「mbed_blinky」を選択し、「"インポート！"ボタン」をクリックする

[5] その結果、図B-6のように、"Import Name:"の項目に、"mbed_blinky"と表示されます。

この名前は変更してもかまいません
んが、ここではそのままインポート
するので、「"Import"ボタン」をクリッ
クします。

図B-6　プログラムの名前を確認し、
「"Import"ボタン」をクリックする

"mbed_blinky"が「インポート」
された状態が図B-7です。

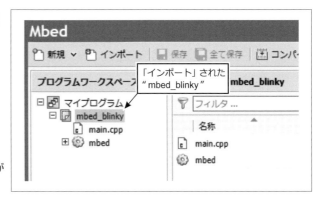

図B-7　「mbed_blinky」が
「インポート」された状態

[6] 次に、これを「コンパイル」して「実行可能ファイル」を生成します。

> ※ ここで、「用語」に関する注意です。
> 　「Mbed」で使っている「コンパイル」という用語は、「統合開発環境」で一般的に使わ
> れている「ビルド」（build）の意味で使われます。

図B-8の「"コンパイル"ボタン」をクリックすると、ソース・プログラムの文法的なエラー
がなければ、図B-8の下の「プログラムのコンパイル出力：mbed_blinky」のところにある

167

ように「Success!」と表示されます。

それと同時に、「実行可能ファイル」が、通常は PC の「デフォルト」である「ダウンロード」というフォルダに、「Mbed」のサイトから「ダウンロード」されます。

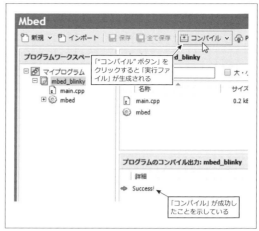

図 B-8 「インポート」したプログラムを「コンパイル」し成功した様子

これを、「マイコン・ボード」に対応する「ドライブ」（**図 A (a)** 参照）へ「マウス」で「ドラッグ＆ドロップ」すれば、「実行可能ファイル」が「マイコン・ボード」の「マイコン」に書き込まれ、それが終わったら、直ちにプログラムが実行を開始します。

[7] これでもよいのですが、多少手間がかかります。

そこで、「ブラウザ」に「Google Chrome」を使っている場合は、あらかじめ、"ダウンロードの前に各ファイルの保存場所を確認する"の項目を「有効」にしておけば、「コンパイル」の終了直後に**図 B-9** が表示されます。

そこで、この画面で、「マイコン・ボード」に対応する「ドライブ」を選択し、「"保存 (S)"ボタン」をクリックすれば、「実行可能ファイル」が「マイコン・ボード」の「マイコン」に書き込まれ、それが終わったら、直ちにプログラムが実行を開始します。

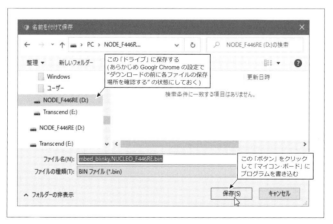

図 B-9 「マイコン・ボード」に保存する（書き込む）

なお、「マイコン」に「実行可能ファイル」のプログラムを書き込んでいる最中は、「マイコン・ボード」の「USB コネクタ」付近の「2 色 LED」が、赤と緑の点灯を交互に繰り返し、書き込みが完了すると、この「LED」は緑色に点灯します。

C	新規にプログラムを作成する

Bでは、すでにできているプログラムを「インポート」して使いましたが、今度は新規にプログラムを作る方法について説明します。

[1] 最初に、図C-1のように「"新規"ボタン」をクリックすると、図C-2の「"新しいプログラムの作成"ウィザード」が開きます。

図C-1　プログラムの新規作成　　　　図C-2　新規作成のプログラム名を指定

[2] ここで、"テンプレート："の項目の右端の ▼ をクリックして"空のプログラム"⁶³ を選択します。

[3] 次に、"プログラム名："の項目で、これから作るプログラムの名前を入力し、「"OK"ボタン」をクリックします。

このプログラム名は図C-3のようにフォルダの名前になります。

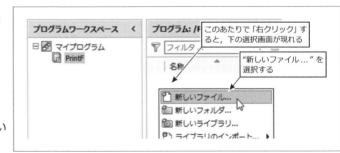

図C-3　フォルダに新しいファイルを作る

[4] このフォルダの中に、必要なファイルなどを作っていきます。

図C-3に示している空白の部分を「右クリック」すると、選択用の画面が開くので、ここで"新しいファイル..."を選択します。

そうすると、図C-4のように「"新しいファイルの作成"ウィザード」が開きます。

---

⁶³ "空のプログラム"以外でも構いません。
　　ただし、その場合は"プログラム名："の項目を必要に応じて書き換えます。
　　また、「main()関数」が記述されたファイルも追加されるので、この内容を、作りたいプログラムに書き換えます。

ここで、"ファイル名："の項目に「ファイル名」を入力します。

このとき、気を付けなければならないのは、「main()関数」を記述するためのファイルを作る場合は、その「拡張子」を、必ず".cpp"にしなければならないという点です。

その理由は、「Mbed」の「コンパイラ」が「C++」の「コンパイラ」だからです。

図 C-4　新しい「ファイル名」を指定

[5]「ファイル名」を入力したら、「"OK"ボタン」をクリックすると、新しいファイルが生成され、図 C-5 のような画面が表示されます。

この右側の図で示している箇所に、プログラムを書いていきます。

図 C-5　図 C-4 の操作で新しく生成されたファイル

[6] 図 C-2 の操作で生成された"新しいプログラム"に対応するフォルダには、最低限、「main()関数」を記述するためのファイルのほかに、「Mbed」の「オフィシャル・ライブラリ」が必要です。

そこで、図 C-6 のように、「インポート」ボタンをクリックし、図 C-7 のように、「インポートウィザード」を開きます。

図 C-6　「ライブラリ」を「インポート」するための「ウィザード」を開く

[7] この画面で、「タブ」が"ライブラリ"になっていることを確認します。

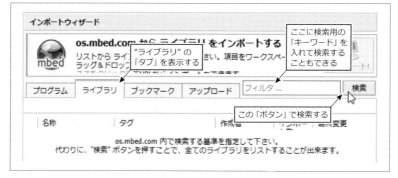

図 C-7　「ライブラリ」を検索する

[8] 次に、右側の「"検索"ボタン」をクリックして、検索を開始します。
　そうすると、しばらくして検索結果が**図 C-8** のように表示されます。

　通常は、この図のように、「インポート」された数の多いものから順に表示されます。
「Mbed」の「オフィシャル・ライブラリ」は"mbed"です。

　この「ライブラリ」は「Mbed」でプログラムを作る際に、基本的には必ず使います。
　そのため、"mbed"が
「インポート」された数は
他の「ライブラリ」に比
べて、はるかに違いに多
くなっています。

図 C-8　「Mbed」の「オフィ
シャル・ライブラリ」を「イン
ポート」する

> ※ なお、検索の際に、この図で「フィルタ」と書かれた部分に検索用の「キーワード」を
> 入れれば、検索の絞り込みができます。
> 　ちなみに、筆者の作ったライブラリは"呂"（漢字 1 文字です）を「キーワード」にすれ
> ば検索できます。

[9] 図 C-8 の画面で"mbed"を選択したら、右側の「"インポート！"ボタン」をクリックし
ます。

　その結果、**図 C-9** のように、"Import Name："の項目に、"mbed"と表示され、"Target
Path："の項目に、これから「インポート」する「ライブラリ」が置かれるフォルダ、つまり
「プログラム名」が表示されます。

　これらを確認し、「"Import"ボタン」
をクリックします。

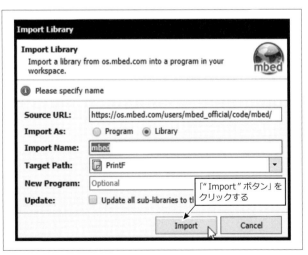

図 C-9　「"Import"ボタン」をクリックし、
選択した「ライブラリ」を「インポート」する

[10] 図 C-10 に「Mbed」の「オフィシャル・ライブラリ」が「インポート」された状態を示します。

　後は、図 C-5 のような画面の右側の図で示している箇所に、プログラムを書いていきます。

図 C-10　「インポート」された様子

「インポート」された「Mbed」の「オフィシャル・ライブラリ」「mbed」

D　「端末エミュレーション」用のソフトを使うためのドライバのインストール

　「Mbed」を使う際に、PC で、「Tera Term」のような「端末エミュレーション」用ソフトを立ち上げておけば、その画面に、「printf()」で出力ができます。

　ただし、そのためには PC に、対応する「ドライバ」をインストールしておく必要があります。

＊

　本書で使っている「Nucleo-F446RE」の場合は、この「ドライバ」は「"stsw-link009"」で、これを「ST マイクロエレクトロニクス社」のサイトの、

https://www.st.com/ja/development-tools/stsw-link009.html

から「ダウンロード」します。

＊

　または、"stsw-link009" を検索エンジンで検索しても、「ダウンロード」のためのページが見つかります。

■ インストール

　インストールする様子を図 D に示します。

[1]「ダウンロード」したファイルを「解凍」すると、「en.stsw-link009」というフォルダができます。
　その内容を (a) に示します。

[2] ここで、「stlink_winusb_install.bat」をダブルクリックすると (b) が開くので「"次へ (N)" ボタン」を「クリック」すると「ドライバ」のインストールが開始されます。

[3] インストールが完了すると (c) のように表示されます。

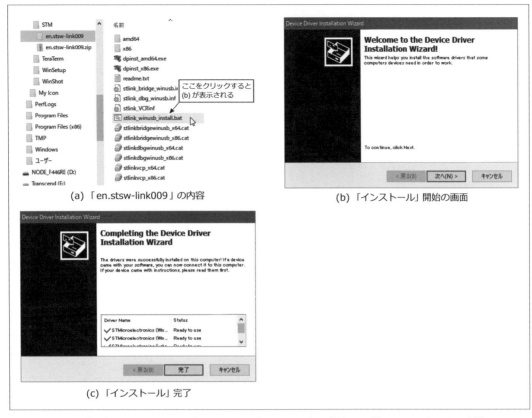

(a)「en.stsw-link009」の内容

(b)「インストール」開始の画面

(c)「インストール」完了

図D 「端末エミュレーション」用ソフトに表示するための「ドライバ」のインストールの方法

E 「Mbed」の「オフィシャル・ライブラリ」の説明を見る方法

「Mbed」の「オフィシャル・ライブラリ」の説明を見る方法を解説します。

*

最初に、次のURLにアクセスします。

```
https://os.mbed.com/docs/mbed-os/
```

ここで、①"APIs"をクリックし、②さらに"Drivers"をクリックすると、「ライブラリ」の一覧が表示されます。

③そこで、見たい項目をクリックすると、その内容が表示されます。

索 引

[著者略歴]

三上　直樹（みかみ・なおき）

1977 年	北海道大学大学院修士課程修了
1977～1987年	北海道大学工学部応用物理学科助手
1987 年	工学博士
1987～2017年	職業能力開発総合大学校（旧職業訓練大学校）情報工学科等 講師，助教授，教授
現在	職業能力開発総合大学校名誉教授
専門	音声信号処理、ディジタル信号処理、DSP 応用
主な著書	「ディジタル信号処理入門」、CQ 出版社、1989 年。
	「アルゴリズム教科書」、CQ 出版社、1996 年。
	「はじめて学ぶディジタル・フィルタと高速フーリエ変換」、CQ 出版社、2005 年。
	「改訂新版 C/C++ によるディジタル信号処理入門」、CQ 出版社、2009 年。
	「C# によるデジタル信号処理プログラミング」、工学社、2011 年。
	「C# による Windows フォーム プログラミング」、工学社、2012 年。
	「フーリエ変換とラプラス変換」、工学社、2013 年。
	など。

質問に関して

本書の内容に関するご質問は、

① 返信用の切手を同封した手紙
② 往復はがき
③ FAX(03)5269-6031
 （ ご自宅の FAX 番号を明記してください）
④ E-mail　editors@kohgakusha.co.jp

のいずれかで、工学社編集部あてにお願いします。
なお、電話によるお問い合わせはご遠慮ください。

IO BOOKS

Mbed を使った電子工作プログラミング

2020 年 4 月 30 日　初版発行　©2020

監　修		三上　直樹
発行人		星　正明
発行所		株式会社 **工学社**

〒160-0004 東京都新宿区四谷 4-28-20　2F

電話		(03)5269-2041(代) [営業]
		(03)5269-6041(代) [編集]
振替口座		00150-6-22510

※定価はカバーに表示してあります。

[印刷] シナノ印刷（株）

ISBN978-4-7775-2105-0